통번역학 이론과 실제 – 〈부록〉
The Theory and Practice of
Interpretation & Translation Studies

통번역
기초어휘와 모범번역

박영순 편저

백산출판사

책을 열면서

　본서는 **<통번역학 이론과 실제>**의 부록으로 제작된 것이다. 즉 여기에 수록된 모든 단어는 <통번학 이론과 실제>에 수록된 본문 가운데 언급되는 단어들인 셈인데, 그 어휘의 수가 2,100여 개나 되다보니 독자들의 암기 편의를 위해 별책으로 엮어 휴대할 수 있도록 한 것이다.

　그렇게 많은 어휘를 정리한 것은 본 책 <통번학 이론과 실제>을 중학교 2학년 이상의 독자라면 누구라도 볼 수 있도록 하기 위함이며, 영어를 공부한 지 오래된 독자라도 쉽게 부담없이 접근할 수 있도록 하기 위함이다.

　그렇다보니, 그 어휘의 대부분은 수학능력시험은 물론이고 TOEFL, TOEIC, TEPS 등의 공인 영어시험 수준에 필요한 거의 모든 단어들과 Business English에서 사용하는 기본적인 모든 어휘가 망라될 수밖에 없었다.

　영어의 단어를 공부하는 방법에는 여러 가지가 있겠지만 가장 중요한 것은 그 의미의 다양성을 중요시해야 한다는 점을 주목하여 본서의 단어들이 가지는 중요한 의미를 가능한 한 수록하려고 노력하였으며, 발음기호까지도 분명하게 표시해두었다.

　여기에 사용된 주요한 기호의 의미는 다음과 같다.

n. 명사	*a.* 형용사	*ad.* 부사	*v.* 동사
vi. 자동사	*vt.* 타동사	*pl.* 복수	*sing.* 단수
opp. 반대말	*int.* 감탄사	*p.* 과거	*p.p.* 과거완료
†: 보기나 idiom	美: 미국	法: 법률	英: 영국
商: 상업	軍: 군사	固: 고어	建: 건축
哲·心: 철학이나 심리학		그·로·神: 그리스 로마 신화	

편저자 씀

abandonment [əbǽndənmənt] *n.* 포기, 자포자기

abet [əbét] *vt.* 부추기다, 선동하다, 교사하다. †aid and ~ : 교사하다.

abiding [əbáidiŋ] *a.* 지속적인, 영구적인(enduring, lasting) †law-abiding citizen : 준법시민

ability [əbíləti] *n.* 능력, (종종 *pl.*) 수완, 재능, 유자격

above [əbʌ́v] *ad.* 위쪽에, 하늘에, 공중에, 윗자리에 ; *a.* 위에서 말한, 상술의 ; *n.* 이상의 사실 ; *prep.* …보다 위에, …의 앞쪽에 가서, …을 넘어, …보다 오히려, …에 미치지 못하는, …을 초월하여

aboveboard [əbʌ́vbɔ̀ːd] *ad. a.* 공명정대하게(한), 있는 그대로(의)

abroad [əbrɔ́ːd] *ad.* 국외(해외)로

abruptly [əbrʌ́ptli] *ad.* 갑자기, 뜻밖에, 통명스럽게

absolute [ǽbsəlùːt] *a.* 절대의, 무조건의, 전제(독재)의, 완전무결한, 순수한, 文法독립의, 유리된

absolutely [ǽbsəlùːtli] *ad.* 절대적으로, 완전히

absorb [əbsɔ́ːb] *vt.* 흡수하다, (마음·사람을) 열중시키다, (시간·주의 등을) 빼앗다.

abundantly [əbʌ́ndəntli] *ad.* 풍족하게, 많이, 넉넉하게, 풍부하게

abuse [əbjúːs] *n.* 남용, 욕설, 독설, (*pl.*) 악폐, 폐해, 악습 ; [əbjúːz] *vt.* 남용하다, 학대하다, 욕하다, 매도하다, 固 속이다, 기만하다.

accept [æksépt] *vt.* 받아들이다, 승낙하다, 용인하다, 해석하다, 뜻을 취하다, 商(어음을) 인수하다. ; *vi.* 수락하다, 받아들이다.

acceptable [ækséptəbəl] *a.* 받아들일 수 있는, 만족스러운, 겨우 조건에 맞는, 마음에 드는

accepted [ækséptid] *a.* 일반적으로 인정된, 용인된, 인수를 마친

access [ǽkses] *n.* 접근, 면회, 출입(to), 진입로, 입구, 통로, (재산 등의) 증대, 증가 文語 (감정의) 격발, (병의) 발작

accession [ækséʃən] *n.* 접근, 도달, 취득, 상속, 가입, 증가, 신규 채용, 동의, 승인

accomplish [əkámpliʃ] *vt.* 이루다, 성취하다, 완수하다, 완성하다.

accomplishment [əkámpliʃmənt] *n.* 성취, 완성, 수행, 실행, 성과, 업적, 서투른 재주, (*pl.*) 교양, 소양

accordance [əkɔ́ːdəns] *n.* 일치, 조화 †in ~ with : …에 따라서, …와 일치하여

accountable [əkáuntəbl] *a.* 책임이 있는, 설명할 수 있는, 그럴 듯한(for)

accumulate [əkjúːmjulèit] *vt.* (장기간에 걸쳐 조금씩) 모으다, 축적하다.

accurate [ǽkjurət] *a.* 정확한, 용의주도한, 엄밀한

accurately [ǽkjurətli] *ad.* 정확히, 정밀하게

achieve [ətʃíːv] *vt.* (일·목적 등을) 이루다, 달성하다.

achievement [ətʃíːvmənt] *n.* 업적, 공로, 성취, 훈력

acknowledge [əknálidʒ] *vt.* 인정하다, 승인하다, (편지 등을) 받았음을 알리다, 사례하다, 감사하다.

acquired [əkwáiərd] *a.* 획득한, 습득한, 후천적인

across [əkrɔ́ːs] *ad.* 가로질러, 맞은 편에, 지름으로, 교차하여 ; *prep.* …을 가로질러, …의 맞은 편에, …와 교차하여, …와 엇갈려

act [ǽkt] *n.* 행위, 짓, 소행, (the ~) 행동(중), 현행 (doing), (종종 A~) (연극의) 막, 回시늉, 꾸밈 ; *vt.* 하다, 행하다, 연기를 하다, (보통 the+단수명사를 목적어로 하여) (…의) 시늉을 하다, (…인) 체하다. ; *vi.* 행동하다, 처신하다, 실행하다, (보어를 수반하여) 처신하다, (…인) 체하다, 시늉하다, 美결정하다, 판결을 내리다. †act on : 美 回의결하다.

action [ǽkʃən] *n.* 행동, 활동, 실행, 작용, (배우의) 몸짓, 연기, (보통 *sing.*) (운동선수·말 등의) 거동, (기계 등의) 작동, 방책, 조치, 軍교전, 전투, 固소송, 美판결, 결정, 의결

actual [ǽktʃuəl] *a.* 현실의, 사실상의, 현행의, 현재의

actually [ǽktʃuəli] *ad.* 실지로, 실제로, 참으로, 정말로, 현 시점에서, 현재

add [ǽd] *vt.* 더하다, 보태다, 추가하다, (둘 이상의 것을) 합치다, 합계하다, 산입하다, 포함시키다, 부언하다, 덧붙여 말하다.

addition [ədíʃən] *n.* 부가, 추가(to), 數덧셈, 가법, 부가물, 증축(to), 늘어난 토지, 固직함

address [ədrés] *n.* 인사말, 연설, 美[ǽdres] (수신인) 주소, (특히) 말하는 태도, 응대 태도, 사무능력, (좋은) 솜씨, 청원, (*pl.*) 구혼, 구애; *vt.* 말을 걸다, 연설(설교)하다, …이라 부르다, 신청(청원·제기)하다, (봉투에) 주소 등을 쓰다, (문제 등을) 다루다, 처리하다, 文語 (~oneself 형태로) (일 등에) 본격적으로 착수하다(to).

adhere [ædhíər] *vi.* 집착하다, 고집하다, 들러붙다, 고착하다, 지지(신봉)하다(to).

administration [ədmìnəstréiʃən] *n.* 행정, 정치, 통치, (the A~) 미 정부, 내각, 경영, 관리, 시행, 집행

admire [ædmáiər] *vt.* 감탄하다, 숭배하다, 동경하다.

adopt [ədápt] *vt.* 채용하다, 고르다, (자기의 것으로) 받아들이다, 양자로 삼다, 채택하다, 승인하다.

adult [ədʌ́lt] *a.* 성장한, 성숙한, 어른의

advance [ədvǽns] *vt.* 나아가게 하다, 진보하다(push forward), 승진하다(promote), 촉진시키다, 제출하다. ; *n.* 진군, 전진, 진보, 향상, 승진 †in advance : 앞서서, 미리, 선금으로

adventurer [ədvéntʃərər] *n.* 모험가, 투기꾼, 협잡꾼

advocate [ædvəkèit] *n.* 주창자, 대변자, 창도자 ; *vt.* 옹호하다, 변호하다, 주장(창도)하다.

affair [əféər] *n.* 일, 일거리, 직무, 사무, 사건, 사정, (*pl.*) 상황, 정세, 전투, 사변, (고유명사와 함께) 스캔들

affect [əfékt] *vt.* …에 영향을 미치다, 작용하다.

affected [əféktid] *a.* ¹영향을 받은, 침범된, 감동된, 감정을 품고 ; ²…체하는, 짐짓 꾸민

affection [əfékʃən] *n.* 애정, 호의, 감동, 감정, 영향, 병, 기질, 성향

affirm [əfə́:rm] *vt.* 단언하다, 확언하다, 주장하다 法 확인하다, 지지하다 論 긍정하다.

afflict [əflíkt] *vt.* (보통 수동형) 괴롭히다.

afford [əfɔ́:d] *vt.* …할 여유가 있다, 할 수 있다.

afraid [əfréid] *a.* 두려워하여, 걱정하여, 근심하여, 유감으로 생각하다.

agency [éidʒənsi] *n.* 대리 행위, 중개, 주선, (어떤 결과를 가져오는) 힘, 美 정부 기관, …국(局), …청(廳)

agenda [ədʒéndə] *n.* (보통 단수취급) 의사일정, 협의사항, 비망록

agent [éidʒənt] *n.* 대리인, 중개상, 관리자, 외판원, 대표자, 앞잡이, 스파이, 행위자, 자연력

agony [ǽgəni] *n.* 심한 고통, 고민, 고뇌

agreement [əgrí:mənt] *n.* 협정, 계약, 조화, 동의, 합의, 승낙, 文法 (수·성·격·인칭 등의) 일치, 호응

ahead [əhéd] *ad.* 앞쪽에, 전방에, 앞으로, 능가하여

aid [eid] *vt.* 돕다, 거들다, 원조하다, 조성하다, 촉진하다. ; *n.* 도움, 원조, 조력(자), (*pl.*) 보조기구, 보청기

aim [eim] *n.* 목적, 의도, 계획, 겨냥, 조준 ; *vt.* (총 등을) 겨누다, (욕·비꼼 등을) 빗대어 말하다. ; *vi.* 겨냥하다, 노리다, 목표 삼다, 뜻하다, 마음먹다(*at*).

aircraft [éərkræft] *n.* (*pl.*) 항공기

alarm [əlá:m] *n.* 공포, 놀람, 불안 ; *vt.* 경보를 전하다, 놀라다.

alarmed [əlá:md] *a.* 불안해하는, 깜짝 놀란

alert [ələ́:rt] *n.* 경보, 경계 ; *a.* 방심 않는, 경계하는, 기민한, 재빠른 ; *vt.* 경고하다, 경계시키다, 경보를 발하다.

alive [əláiv] *a.* 살아있는, 생생하여, 북적거려, 충만하여, 민감하여, 소멸하지 않는

allegiance [əlí:dʒəns] *n.* 신하의 의무, 충성, 충절, 헌신

alliance [əláiəns] *n.* 동맹, 결연, 연합(국·관계)

allow [əláu] *vt.* 허락하다, 지급하다, 주다, 인정하다, 공제하다, 할인하다, 말하다, 생각하다.

allowance [əláuəns] *n.* 수당, 승인, 참작(보통 *pl.*)

allowed [əláud] *a.* 양성자 수의 변화를 포함한

ally [ǽlai] *n.* 동맹국, 맹방, (제2차 세계대전의) 연합국 ; [ǽli] *v.* 동맹(결연·연합·제휴)하다.

almighty [ɔ:lmáiti] *a.* (종종 A~) 전능한, 만능의

alter [ɔ́:ltər] *vt.* 바꾸다, 개조하다, 고쳐 만들다. ; *vi.* 달라지다, 변경되다, 늙다.

alternative [ɔ:ltə́:rnətiv] *n.* 대안, 다른 방도, 양자 택일, 둘 중에서의 선택

amazing [əméiziŋ] *a.* 놀랄 만한, 굉장한

ambassador [æmbǽsədər] *n.* 대사, 사절, 특사, 대표

amid [əmíd] *prep.* 文語 …의 한복판에, …이 한창일 때

amount [əmáunt] *vi.* 총계가 …에 이르다, (금액이) …이 되다, 결과적으로 …이 되다. ; *n.* 총액, 총계, 원리합계, 결과, 요지, 양

ample [ǽmpl] *a.* 넓은, 광대한, 충분한, 풍부한

amuse [əmjú:z] *vt.* 즐겁게 하다, 웃기다, 기쁘게 하다, 위안하다.

amusing [əmjú:ziŋ] *a.* 재미나는, 즐거운

ancestry [ǽnsestri] *n.* 《집합적》 선조, 조상, (때로 an~) 가계, 문벌

ancient [éinʃənt] *a.* 옛날의, 고대의, 고래의, 오래 된 固 노령의, 분별 경험이 많은 ; *n.* 고대인, 고대 문명인, 고전 작가, 노인, 선조

anguish [ǽŋgwiʃ] *n.* 고민, 고뇌, 격통

anniversary [ænəvə́:rsəri] *n.* (*pl.*) 기념제, 기념일

announce [ənáuns] *vt.* 알리다, 공고하다, 큰소리로 알리다, 나타내다, 방송하다. ; *vi.* 아나운서로 일하다, 입후보를 표명하다.

announcement [ənáunsmənt] *n.* 공고, 고지, 발표, 공표, 성명(서), 청첩장, 짧게 알리는 말

anthrax [ǽnθræks] *n.* 탄저병

antibiotic [æntibaiátik] *a.* 항생의 ; *n.* 항생물질

anticipate [æntísəpèit] *vt.* 기대하다, 예기(예견)하다, 앞질러 처리하다, (사람을) 앞지르다, (파멸 등을) 재촉하다, (부채를) 기한 전에 갚다.

anticipation [æntìsəpéiʃən] *n.* 예기, 예상, 기대

anxiety [æŋzáiəti] *n.* 걱정, 불안, 근심거리, 염원, 갈망

anxious [ǽŋkʃəs] *a.* 걱정하는, 불안한, 열망하는, 조마조마하게 하는

apart [əpá:t] *ad.* 별개로, 개별적으로, 떨어져서, 산산이

appeal [əpí:l] *vi.* 애원하다, 호소하다, 항소하다, 상고하다. ; *n.* 애원, 간청, 호소, 상고

applaud [əplɔ́:d] *vi.* 박수 갈채하다, 성원하다.

applause [əplɔ́:z] *n.* 박수 갈채

appreciate [əprí:ʃièit] *vt.* 올바르게 인식하다, 평가하다, 감상하다, 고맙게 생각하다.

appreciation [əprì:ʃiéiʃən] *n.* (올바른) 평가, 판단, 이해, 감상, 음미, 비평, 감지, 인식, 식별, 감사, 존중, (가격의) 등귀(*in*), (수량의) 증가

appreciative [əprí:ʃətiv] *a.* 감식력이 있는, 감사하고

apprehension [æprihénʃən] *n.* 우려, 염려, 불안, 文語 이해, 이해력, 견해, 체포

appropriate [əpróuprièit] *a.* 적절한, 알맞은; *vt.* 충당하다, 전용하다.

archduke [á:ʧdjú:k] *n.* 대공(옛 오스트리아 황자의 칭호)

arena [ərí:nə] *n.* 투기장, 경기장, 씨름판, 도장

argue [á:gju] *vi.* 논하다, 논쟁하다, 의논하다.; *vt.* 설득하다, 설복시켜 …하게 하다, 주장하다, 논의하다, 文語 논증하다, 입증하다.

arise [əráiz] *vi.* 일어나다, 발생하다, 생기다, 비롯되다, 기상하다, 피어오르다.

around [əráund] *ad.* 주위에, 빙 돌아서, 여기저기에, 반대방향으로 (빙)돌아, 멀리 돌아서; *a.* 돌아다니고, 활동하여, 존재하여

arouse [əráuz] *vt.* (사람을) 잠에서 깨우다(awaken), (감정·호기심 등을) 자극하다, 각성시키다, 일깨우다.

arrange [əréinʤ] *vt.* 가지런히 하다, 정돈하다, 배열하다, 조정하다, 미리 가지런히 하다, 각색하다.

arrest [ərést] *vt.* 체포하다, 검거하다, 정지시키다, 끌다. ; *n.* 체포, 검거, 구인, 억류, 정지

arrive [əráiv] *vi.* 도착하다, 닿다, 도달하다, (일이) 일어나다, (때가) 도래하다.

arsenal [á:sənl] *n.* 군수 공장, 병기고, 조병창

artist [á:tist] *n.* 예술가, 화가, 명인

aspect [æspekt] *n.* 용모, 생김새, 국면, 정세, 관점, 방향, 방위, 모습, 상(相)

assassin [əsǽsin] *n.* 암살자, 자객, (the A~s) 암살 비밀 결사단

assembled [əsémbld] *a.* 집합된, 결집된, 합성 보석의

assessment [əsésmənt] *n.* 사정, 평가, 불입 추징, 평가, 판단(of) †a standard of~ : 과세표준, 과표

asset [æset] *n.* 자산, 재산, 강점, 장점, (pl.) 法 유산, 전 자산, 정보 제공자

assistance [əsístəns] *n.* 거듦, 조력, 원조

assistant [əsístənt] *a.* 보조의 ; *n.* 조수, 보조자, 점원

assuage [əswéiʤ] *vt.* 文語 완화하다, 덜다, 진정시키다, 달래다.

assuming [əsú:miŋ] *a.* 주제넘는, 건방진

assurance [əʃúərəns] *n.* 보증, 확언, 언질, 보장, 확신, 침착, 자신, 철면피, 뻔뻔스러움

assure [əʃúər] *vt.* 보증하다, (~oneself 형태로) 안심(납득)시키다, 확신하다, 확실하게 하다.

assured [əʃúərd] *a.* 보증된, 자신된, 英 생명보험을 건

astonish [əstániʃ] *vt.* (깜짝) 놀라게 하다(with, by).

athlete [æθli:t] *n.* 운동선수, 스포츠맨, 경기자

Atlantic [ətlǽntik] *n.* 대서양

atmosphere [ǽtməsfiər] *n.* (the~) 대기, (sing) 공기, 환경, 분위기, 기분, 기압

atrocity [ətrásəti] *n.* 포악, 무도, 잔학

attache [ætəʃéi] *n.* 수행원, 대사관원, 외교관시보

attack [ətæk] *n.* 공격, 개시, 발병, 발음(법) ; *vt.* 공격하다, 착수하다, 침범하다, 습격하다, 폭행하다.

attain [ətéin] *vt.* 도달하다, 이르다, 달성하다.

attempt [ətémpt] *n.* 시도 固 습격, 공격 固 미수 ; *vt.* 시도하다, 기획하다.

attend [əténd] *vt.* …에 출석하다, 참석하다, 시중들다, (결과로서) …에 수반하다, 간호하다, 진료하다.

attention [əténʃən] *n.* 주의, 유의(consideration), 처리, 대처, 친절, 구애, 수리, 차려 자세

attitude [ǽtətjù:d] *n.* 태도, 자세, 마음가짐

audience [ɔ́:diəns] *n.* 청중, 관중, 지지자, 청취, 알현

authority [əθɔ́:rəti] *n.* 직권, 권한, 권위, 권력, 근거, 권위자 (보통 pl.) 당국, 소식통 固 관례, 선례

autobiography [ɔ̀:təbaiágrəfi] *n.* 자서전, 자전 문학

available [əvéiləbl] *a.* 이용할 수 있는, 소용이 되는, 쓸모 있는, 입수할 수 있는, 固 유효한, 당선 가능한

average [ævəriʤ] *n.* 평균, 표준, 보통 수준

aversion [əvə́:rʒən] *n.* 싫음, 혐오

avoid [əvɔ́id] *vt.* (의식적·의도적으로) 피하다, 비키다, 회피하다.

awaken [əwéikən] *vt.* 깨우다, 자각시키다, 눈뜨게 하다, (호기심 등을) 불러일으키다.

award [əwɔ́:d] *vt.* (심사하여) 수여하다, (상을) 주다, 재정하다, …에게 (배상금 등을) 인정하다.; *n.* 심판, 판정, 시상, 상금, 장학금

aware [əwéər] *a.* 알아차리고, 깨닫고, …한 의식이 있는, 回빈틈없는

awash [əwɔ́:ʃ] *a.* 海 수면과 거의 같은 높이로, 파도에 씻기어, 파도에 시달려, (장소가) …으로 가득하여

awesome [ɔ́:səm] *a.* 두려움을 일으키게 하는, 장엄한, 경외심이 나타나 있는

axis [ǽksis] *n.* 굴대, 지축, 중심선, 주축, 國 추축, (the A~) 독·이·일 추축국

B

backbone [bǽkbòun] *n.* 등뼈, 분수령, 중심이 되는 지력, 중견, 기골

backward [bǽkwərd] *a.* 뒤쪽의, 되돌아가는, 수줍은, 진보가 늦은, 때늦은; *ad.* 뒤쪽으로, 역행하여, 거꾸로, 소급하여; *n.* 후방, 과거, 옛날

balance [bǽləns] *n.* 균형, 평균; *vi.* 저울로 달다, 균형을 잡다, 가늠하다, 비교 평가하다, 비교(대조)하다.

ballad [bǽləd] *n.* 민요, 발라드, 감상적인 곡의 유행가

ballistic [bəlístik] *a.* 탄도(학)의, 비행물체의

ballot [bǽlət] *n.* 무기명 투표, 美대통령 후보자 결정 선거, 투표총수; *vi.* 제비를 뽑다, 투표를 하다.

bankrupt [bǽŋkrʌpt] *n.* 파산자, 지불불능자, 성격파탄

자; *a.* 파산한, 지불능력이 없는, 파탄한, 결딴난, 상실한, 잃은(*of*), 결여된(*in*) ; *vt.* 파산시키다.

banner [bǽnər] *n.* 기(旗), 현수막, 기치, 美 신문의 톱 전단에 걸친 제목

barbecue [bάːbikjùː] *n.* 통 구이, 야외 파티, 바비큐

barbed [bɑːbd] *a.* 신랄한, 미늘(가시)이 있는

bare [bɛər] *a.* 벌거벗은(naked), 꾸밈없는, 속이 빈, 얼마 안되는, 닳아빠진

bargain [bάːgin] *n.* 매매, 계약, 협정, 싼 물건, 특매품 ; *vi.* (매매의) 약속을 하다, 계약하다, 흥정하다. ; *vt.* 조건을 붙이다, 기대하다, 보증하다, 바꾸다.

barrack [bǽrək] ¹*n.* 막사, 병영 ; ²*vi.* 야유하다(*at*), 성원하다(*for*).

barricade [bǽrəkèid] *n.* 바리케이드, 장애(물), (*pl.*) 논쟁의 장 ; *vt.* 바리케이드를 쌓다.

barrier [bǽriər] *n.* 장벽, 방책, 말뚝 울타리, 장애, 방해

battle [bǽtl] *n.* 전투, 싸움, 교전(특정 지역에서의 조직적이고 장기적인), 투쟁, 승리, 전쟁, 성공 ; *v.* 싸우다, 투쟁(분투)하다.

beacon [bíːkən] *n.* 봉홧불, 봉화, 표지, 등대

beam [biːm] *n.* 들보, 갑판보, 빔, 광선, 광속, 신호전파 ; *vi.* 빛나다, 기쁨으로 빛나다.

beast [biːst] *n.* 짐승, 가축

beating [bíːtiŋ] *n.* 때림, 채찍질, 패배, 맥박, 고동, 美·口 박정한 대우, (날개를) 퍼덕거림

beckon [békən] *vt.* 손짓(고개짓, 몸짓)으로 부르다, 신호하다, 유인하다.

bedeck [bidék] *vt.* 장식하다, 꾸미다.

bedrock [bedrɔ́k] *n.* 근저, 근본, 기초적인 사실, 반암 (盤岩) ; *a.* 근저의, 근본적인

bee [biː] *n.* 꿀벌, 벌, 부지런한 사람, 美모임

beef [biːf] *n.* 쇠고기, 근육, 힘, 근력, (*pl.*) 불평

befall [bifɔ́ːl] *vt.* 文語 …에게 일어나다, 생기다.

behalf [biháːf] *n.* 이익, 지지 †on ~of : …을 대신하여, 대표하여

behavior [bihéivjər] *n.* 행동, 행실

behind [biháind] *ad.* (장소) 뒤에, 후방에, 배후에, 늦어서, 뒤에 쳐져서, 밀려서, 미납으로 ; *prep.* (장소) …의 뒤에, 그늘에, …의 배후에, 뒤에 남기고, 사후에, …보다 못하여 ; *n.* 엉덩이, 뒤, 등 ; *a.* (명사 뒤에서) 뒤의, 뒤쪽의

belief [bilíːf] *n.* 믿음, 신념

beneath [biníːθ] *prep.* …의 바로 밑에, …보다 낮은, …할 가치가 없는, …답지 않은

beneficial [bènəfíʃəl] *a.* 유익한, 이로운(*to*), 法수익권이 있는

benefit [bénəfit] *n.* 이득, 이익, 혜택, 은혜, 은전

bent [bent] *vt.* **bend**(구부리다, 무릎을 꿇다, 굴복하다,

굽히다)의 p., p.p.

beseech [bisíːtʃ] *vt.* 간청하다, 탄원하다, 구하다.

besiege [bisíːdʒ] *vt.* 軍 (요새·도시 등을) 포위(공격)하다, (요구·문제 등으로) 공격하다, 괴롭히다.

bilateral [bàilǽtərəl] *a.* 양쪽이 있는, 좌우 양측의, 法 쌍무적인

bill [bil] ¹*n.* 계산서, 명세서, 벽보, 어음, 목록, 商증서, 증권, 美지폐, 法기소장, 조서, 議會법안, 의안, (세관) 신고서 ; ²*n.* 부리, (사람의) 코 ; *vi.* 서로 애무하다, 부리를 서로 비벼대다.

billion [bíljən] *n.* 영·독일 만 억, 조(million의 100만 배) ; 미·프랑스 10억(million의 1000배)

bin [bin] *n.* 큰 상자, 저장용 광, 포도주 저장소

bind [baind] *vt.* 묶다, 매다, 둘러감다, 속박하다, 의무를 지우다, (책을) 제본(장정)하다, (동맹·계약 등을) 맺다. †~up : 붕대로 매다, 엮어 매다.

bishop [bíʃəp] *n.* 감독, 주교, 비숍(레몬과 설탕을 가미한 따뜻한 포도주)

bit [bit] ¹*n.* 재갈, 구속, 송곳의 끝 ; *vt.* 재갈을 물리다, 구속(억제)하다. ; ²*n.* 작은 조각, 한 조각, 조금, 약간, 소품, 단역, 圖정역형, 작은 여자

bite [bait] *vt.* 물다, 물어 뜯다, 깨물다, (추위 등이) 살을 에다, (후추 등이) 쏘다, (유혹 등에) 걸려들다.

bittersweet [bítərswìːt] *a.* 씁쓸하면서 달콤한, 괴로우면서도 즐거운

blackmail [blǽkmèil] *n.* 공갈, 약탈

blacksmith [blǽksmìθ] *n.* 대장장이, 제철공

blessing [blésiŋ] *n.* (하나님의) 은총, 은혜, (식전 식후의) 기도, 행운, 찬성

blood [blʌd] *n.* 피, 혈액, 생명, 유혈, 혈통, 혈연, 혈기, 기질, 멋있는 젊은이 ; *vi.* 유혈행위에 익숙하게 하다, 새로운 체험을 시키다, 피를 바르는 의식을 거행하다.

bloodshed [blʌdʃèd] *n.* 유혈(참사), 살해, 학살

blow [blou] ¹*vi.* (종종 it을 주어로 하여) (바람이) 불다, 바람에 날리다, 흩날리다, 숨을 몰아쉬다, 헐떡이다, (선풍기 등이) 바람을 내다, (고래가) 물을 내뿜다, (풍금·피리 등이) 소리를 내다, 휘파람을 불다, 폭발하다 (타이어 등이) 빵꾸나다, 파열하다, (퓨즈가) 끊어지다, 美·口허풍떨다, 자랑하다(boast). †~off : 마구 떠들어 울분을 풀다, 불어 흩날리다, 불어 깨끗이 하다, (증기를) 내뿜다, 불평을 터뜨리다. ; ²*n.* 강타, 구타

blush [blʌʃ] *n.* 얼굴을 붉힘, 홍조, 다홍색 ; *vi.* 얼굴을 붉히다, (얼굴이) 빨개지다.

boisterous [bɔ́istərəs] *a.* 거친, 사나운, 떠들썩한

boldness [bóuldnis] *n.* 대담, 배짱

bomb [bɑm] *n.* 폭탄, 원자 폭탄, 핵무기, 대실패, 깜짝 놀라게 하는 일, 돌발 사건, 폭탄 발언, 큰 재산, 거금 ; *vt.* 폭격하다, 폭탄을 투하하다, 장타하다, 완패시키다.

bombing [bámiŋ] *n.* 폭격

bone [boun] *n.* 뼈, (*pl.*) 골격, 신체, 시체, 유골, (이야기 등의) 골자

border [bɔ́:dər] *n.* 경계, 접경, 국경지방, 테두리, 가장자리, (종종 *pl.*) 영토, 영역, 국경 지대

bore [bɔ:] ¹*vt.* (구멍·터널 등을) 뚫다, 둘러 파다. ; *n.* (총의) 구경, 시추공, 천공기 ; ²*vt.* 지루하게 하다, 따분하게 하다(with).

bored [bɔːd] *a.* 따분한, 싫증난

boredom [bɔ́:dəm] *n.* 지루함, 권태

bottom [bɔtəm] *n.* 밑(바닥), 기초, 근본, 찌꺼기, 앙금, 野球한 회의 말; *vt.* 밑을 대다, …의 진상을 규명하다.

boyish [bɔ́iiʃ] *a.* 소년의, 소년 시절의

brain [brein] *n.* 뇌, (*pl.*) 두뇌, 지력

brass [bræs] *n.* 놋쇠, (*pl.*) 놋그릇, 놋쇠 장식, 樂 금관 악기, 俗 돈, 창녀 回 고급장교, 거물; *vt.* …에 놋쇠를 입히다, 俗 지불하다.

brave [breiv] *a.* 용감한, 文語화려한, 차려입은; *n.* 용사

bravely [bréivli] *ad.* 용감하게, 훌륭하게

breadth [bredθ] *n.* 폭, 나비, 퍼짐, 넓이, 넓음, 관용

breakthrough [bréikθrùː] *n.* 큰 발전, 약진, 軍돌파 (작전·구), (난관의) 타개(책)

breath [breθ] *n.* 호흡, 숨

breeding [bríːdiŋ] *n.* 번식, 사육, 부화, 품종개량, 가계, 예의범절, 교양

breeze [briːz] *n.* 산들바람, 미풍

bride [braid] *n.* 신부, 새색시

brief [briːf] *a.* 간결한, 간단한; *n.* 소송사건, 소송 의뢰인, 적요, 개요, 짧은 보고

briefly [bríːfli] *ad.* 간단히 말해서

brightly [bráitli] *ad.* 밝게, 빛나게

brilliance [bríljəns] *n.* 광휘, 광명, 광택, 밝음

brilliant [bríljənt] *a.* 빛나는, 찬란한, 재기가 뛰어난

brilliantly [bríljəntli] *ad.* 찬란히, 훌륭히, 찬연히

brimming [brímiŋ] *a.* 넘쳐흐르는, 가득 차게 부은

british [brítiʃ] *a.* 영국의, 영국사람의

broad [brɔːd] *a.* 폭이 넓은, 대강의, 도량이 넓은, 명백한, 노골적인, 야비한, 음탕한, 자유분방한; *ad.* 충분히, 완전히, 순사투리로; *n.* 손바닥, 넓은 부분

brotherhood [brʌ́ðərhùd] *n.* 형제간, 형제의 연분, 조합, 협회, 《집합적》 동업자, 美口노동조합, 노조

brutal [brúːtl] *a.* 짐승의, 야수의, 무지막지한, 야만적인, 잔인한, 난폭한

brutality [bruːtǽləti] *n.* 야만성, 잔인성, 무자비, 잔인한 행위, 무자비

bubble [bʌ́bl] *n.* (의성어) 거품이 이는 소리, 부글부글 끓음, (종종 *pl.*) 거품, 기포

budget [bʌ́dʒit] *n.* 예산, 경비

bullet [búlit] *n.* 소총탄, 탄알, 작은 공, 굵은 가운뎃점

bully [búli] *n.* 약한 자를 괴롭히는 사람, 깡패, 난폭한 사람, 싸움 대장, 뚜쟁이; *vt.* 을러대다, 겁주다.; *a.* 멋진, 훌륭한; *int.* (반어적) 멋지다, 잘한다.

bundestag [búndəstàːg] *n.* (서독의) 하원

buoyancy [bɔ́iənsi] *n.* 부력, 부양성, 낙천적인 성질, 쾌활함, 시세가 오를 기미

burden [bɔ́:rdn] *n.* 무거운 짐, 부담, 의무

burn [bəːm] *vi.* 불타다, 그을다, 凸연소하다, 타오르다, 불끈하다(with), 열중하다.

bury [béri] *vt.* 파묻다, 매장하다, (덮어서) 숨기다, 몰두하다, 잊다, 묻어버리다.

byway [baiwèi] *n.* 옆길, 샛길, 부차적 측면

cabin [kǽbin] *n.* 오두막집, 海선실, 캐빈; *vt.* 오두막집에서 살다, (좁은 곳에) 가두다.

cabinet [kǽbnit] *n.* 장식장 ; the C~ 英내각, 美대통령 자문위원회

caliber [kǽləbər] *n.* 직경(탄환의)

callous [kǽləs] *a.* (피부가) 굳어진, 못박힌, 무감각한, 냉담한; *vt.* 무감각하게 하다, 굳어지다.

calm [kɑːm] *a.* (바다·날씨 등이) 고요한, 잔잔한, 조용한, (마음 등이) 평온한, 침착한; *v.* 가라앉다.; *n.* 무풍, 평온, 고요, 냉정, 침착

campaign [kæmpéin] *n.* 전쟁, 종군, 출정, 작전행동, (사회적) 운동, 권유, 유세; *vi.* 출정하다, 종군하다, 운동을 일으키다.

candid [kǽndid] *a.* 솔직한, 숨김없는, 공평한, 깨끗한, 순수한 ; *n.* 스냅사진

candor [kǽndər] *n.* 공평 무사, 허심탄회, 솔직, 정직

capability [kèipəbíləti] *n.* 능력(of), 재능, 수완 (*pl.*) 뻗어날 소질, 장래성

capable [kéipəbl] *a.* …할 능력이 있는(of), 유능한, 실력이 있는(for)

capacity [kəpǽsəti] *n.* 능력, 재능, 용적, 용량, 수용력, 흡수력, 자격, 입장, 이해력, 학습 능력

capital [kǽpətəl] ¹*a.* 주요한, 으뜸가는, 기본의, 자본의, 중대한, 치명적인; *n.* 수도, 중심지, 대문자, 자본, 자본금; ²*n.* 建기둥머리

Capitol [kǽpətl] *n.* 국회 의사당

caravan [kǽrəvæn] *n.* 대상(隊商), 여행자단, 이주민의 차마 대열, 英트레일러, 이동주택

care [kɛər] *vt.* (부정·의문·조건문에서) 좋아하다, 원하다, …하고 싶어하다.

career [kəríər] *n.* 생애, 경력, 직업 ; *vi.* 질주하다, 무턱대고 달리다, 돌진하다.

caring [kέəriŋ] a. (노약자, 병자 등을 돌보는) 봉사(의)

casualty [kǽʒuəlti] n. 불상사, 불의의 재난, 상해 사고, 조난자, 부상자, (pl.) 사상자 수, 인적 손해

catalog/catalogue [kǽtəlɔ̀g] n. 목록, 카탈로그, 일람표, 도서목록, 美대학 요람

cause [kɔ:z] n. 원인, 이유, 주의, 주장, 대의, 목적 ; vt. …의 원인이 되다, 일으키다.

celebration [sèləbréiʃən] n. 축하, 찬양, 의식, 성찬식

cell [sel] n. 작은 방, 암자, (교도소의) 독방, (벌집의) 구멍, 電전지, 国세포 ; vi. 독방살이를 하다, 작은 방에 틀어박히다.

central [séntrəl] a. 중심의, 중심적인, 주요한, 편리한, 중도적인, 온건한 ; n. 본부, 본점, 美전화교환국

ceremony [sérəmòuni] n. 식전, 의식

cessation [seséiʃən] n. 중지, 중단, 휴지, 정지

chador [ʧʌ́dər] n. 차도르(인도·이란 여성 등이 베일로 사용하는 검은 사각형 천)

challenge [ʧǽlindʒ] n. 도전, 결투, 의욕, 문제 ; vt. 도전하다, 이의를 제기하다, 촉구하다, 환기하다.

championship [ʧǽmpiənʃip] n. 옹호, 선수권, 우승, 패권, (보통 pl.) 선수권 대회

chancellery [ʧǽnsələri] n. chancellor의 지위, 관청, 대사관의 사무국, 대사관의 사무직원

chancellor [ʧǽnsələr] n. 수상(독일 등의), 美(재무) 장관, 대법관, 美대학 총장

change [ʧeindʒ] vt. 바꾸다, 변화시키다, 잔돈으로 바꾸다, 환전하다, 교환하다. ; n. 변화, 변경, 바꿈, 교체, 기분전환, 거스름돈, 잔돈

channel [ʧǽnl] n. 강바닥, 수로, 운하, 해협, 항로, (pl.) 경로, 루트, 通信채널

chant [ʧænt] n. 노래, 성가 ; vt. 부르다, 찬송하다.

chaos [kéiɑs] n. 혼돈, 무질서, 대혼란

character [kǽrəktər] n. 특성, 성격, 인격 ; vt. 새기다, (성격을) 묘사하다.

characteristic [kæ̀rəktərístik] n. 특성, 특질, 특성

charge [ʧɑ́ɑrdʒ] vt. 채우다, 충만하게 하다, 지우다, 과하다, 청구하다, 부담시키다, (권위를 가지고) 명령하다, (죄·과실 등을)…의 탓으로 돌리다, 비난하다, 고발하다, 책망하다, (상품 등을) 외상으로 사다.

charter [ʧɑ́ːtər] n. 특허장, 면허장, 전세, 특권, 면제, 헌장, 선언서 ; vt. 특허장을 주다, 면허하다, 용선계약으로 빌다, 전세 내다.

chase [ʧeis] vt. 뒤쫓다, 추적(추구)하다, (사람·동물을) 쫓아내다, 몰아내다, (사냥감을) 사냥하다. ; n. 추적(추구, 추격), 쫓기는 사람, 사냥감

chattel [ʧǽtl] n. 国동산(動産), 소지품

cheer [ʧiər] vt. 기운을 북돋우다, 위로하다, 격려하다.

chew [ʧu:] vt. 씹다, 저작하다, 깊이 생각하다, 심사숙고

하다, (일을) 충분히 의논하다.

chief [ʧi:f] n. 장, 우두머리

chill [ʧil] n. 냉기, 한기 ; a. 文語쌀쌀한, 냉랭한, 냉담한 ; vt. 춥게 하다, 냉각하다, 오싹하게 하다.

chilling [ʧiliŋ] a. 한기가 스미는, 으슬으슬한, 쌀쌀한, 냉담한

chivalry [ʃívəlri] n. (중세의) 기사 제도, 기사도, 기사도적 정신

choice [ʧɔis] n. 선택(하기), 선택의 기회(범위)

church [ʧəːrʧ] n. 교회, (교회의) 예배, 교파, 교권 ; vt. 교회에 안내하다, (수동형으로) 산후의 감사예배를 올리다, 교회에 데리고 가다.

circumstance [sə́ːrkəmstæ̀ns] n. 사건, 사태, 전후, 전말, (pl.) (어떤 사건·행동·사람 등에 관련된 주위의) 사정, 상황, (경제적·물질적인) 환경

circus [sə́ːrkəs] n. 서커스, 원형 흥행장, 回유쾌하고 소란스러운 사람, 크고 화려한 안경

claim [kleim] vt. 주장하다, 요구(청)하다, 청구하다. ; n. 요구, 청구, 주장

clay [klei] n. 점토, 찰흙, 흙, 자질, 천성, 인격, 인품 ; vt. 진흙을 바르다, 진흙으로 채우다.

cleanse [klenz] vt. (clean의 OE형)文語(상처 등을) 청결히 하다, 씻다, (사람·마음에서 죄 등을) 정화하다, 숙청하다, 제거하다(of, from).

clearly [klíərli] ad. 똑똑하게, 뚜렷하게, 명료하게

clique [kli:k] n. (배타적인) 도당, 파벌

closeness [klóusnis] n. 접근, 친밀, 정확, 엄밀, 밀폐, 숨막힘, 답답함, 인색, (천 등의) 올이 촘촘함

cloudy [kláudi] a. 흐린, 구름이 많은, 몽롱한, 흐릿한, 애매한, (마음이) 언짢은, 기분이 좋지 못한

clung [klʌŋ] vi. cling(달라붙다, 매달리다, 접근을 유지하다, 집착하다)의 과거, 과거분사

coach [kouʧ] n. (의전용) 마차, 4륜 대형마차, 國코치

coalition [kòuəlíʃən] n. 연합, 합동, 제휴, 연립

code [koud] n. 법전, 규약, 관례, 규범, 신호법, 암호

coexistence [kòuigzístəns] n. (국가간의) 공존, 공재

cog [kɔg] n. ¹(톱니바퀴의) 이, 큰 조직 안에서 일하는 사람 ; ²사기, 속임수 ; vt. 부정수단을 쓰다.

coincide [kòuinsáid] vi. 동시에 일어나다, 부합하다, 일치하다(with), 의견을 같이하다(in).

coincidence [kouínsidəns] n. (우연의) 일치, 동시발생, 동시에 일어난 사건

colleague [káli:g] n. (전문 직업의) 동료, 동업자

college [kálidʒ] n. 美단과대학, 칼리지, 특수전문학교, 협회, 단체, 선거위원단, 무리, 떼

colonnade [kɑ̀lənéid] n. 가로수, 建열주(列柱)

combat [kəmbǽt] vi. 싸우다, 투쟁하다. ; [kámbæt, kɔ́mbæt] n. 전투, 투쟁, 격투, 싸움

combine [kəmbáin] *vt.* 결합시키다, 연합시키다, 겸하다, 겸비하다, 화합시키다.

comfort [kámfərt] *n.* 위로, 위안, 위문품, 안락 ; *vt.* 위안하다, 편하게 하다, 固원조하다.

comfortable [kámfərtəbl] *a.* 기분이 좋은, 마음이 편한, 안락한 †in~circumstances : 편안한 환경에

comforting [kámfərtiŋ] *a.* 기분을 돋구는, 격려하는

commander [kəmændər] *n.* 지휘자, 사령관

commanding [kəméndiŋ] *a.* 지휘하는, 당당한, 전망이 좋은, 유리한 장소를 차지한

commence [kəméns] *vt.* 文語개시하다, 시작하다, 착수하다. ※begin의 격식을 차린 말

comment [káment] *n.* (시사문제 등의) 논평, 비평, 견해, 의견, 주석, 설명, 해설, (세간의) 소문, 풍문, 평판 ; *vi.* 비평(논평)하다, 의견을 말하다, 주석하다. ; *vt.* 의견으로서 진술하다.

commerce [káməːrs] *n.* 상업, 통상, 교역, 교섭, 교제

commission [kəmíʃən] *n.* 위임, 임명, 장교의 지위

commit [kəmít] *vt.* 위탁하다, 수용하다, 위원회에 회부하다, 맡기다, 넘기다(to), 헌신하다, 전념하다.

commitment [kəmítmənt] *n.* 공약, 약속, 위임, 위탁, 책임, 구속, 수행, 범행, 참가, 연좌, 헌신 固구속영장 證券매매계약

committed [kəmítid] *a.* 전념하는, 헌신적인, 명확한 태도를 가지는, 언질을 주어, 약속하여

common [kámən] *a.* 보통의, 흔한, 사회 일반의, 공통의, 통속적인, 아비한

communism [kámjunìzm] *n.* 공산주의

communist [kámjunist] *n. a.* 공산주의자(의)

community [kəmjúːnəti] *n.* 공동사회, 집단

compact [kəmpǽkt] ¹*a.* 치밀한, 꽉 들어찬, 밀집한, (체격이) 탄탄한 ; [kámpækt] ²*n.* 계약, 맹약

company [kámpəni] *n.* 동료, 친구, 일행, 교제, 회사

compare [kəmpéər] *vt.* 비교하다, 비유하다.

compassion [kəmpǽʃən] *n.* 측은한 여김, 동정, 연민

compassionate [kəmpǽʃənət] *a.* 인정 많은, 동정심 있는, 동정적인

compete [kəmpíːt] *vt.* 경쟁하다, 겨루다, 맞서다, 경합하다, 필적하다.

competent [kámpətənt] *a.* 유능한, 능력이 있는, 충분한, 固(재판관·법정이) 심리권을 가진

competition [kàmpətíʃən] *n.* 경쟁

competitive [kəmpétətiv] *a.* 경쟁의, 경쟁적인

complete [kəmplíːt] *vt.* 완성하다, 달성하다, 채우다, 갖추다, 野球완투하다. ; *a.* 전부의, 완전한, 완벽한

complexity [kəmpléksəti] *n.* 복잡성, 복잡한 것

compliment [kámpləmənt] *n.* 경의, 찬사, 안부, 경의의 표시, 영광된 일

component [kəmpóunənt] *a.* 구성하고 있는

composer [kəmpóuzər] *n.* 작곡가, 작자

composure [kəmpóuʒər] *n.* 침착, 평정

comprehension [kàmprihénʃən] *n.* 이해, 포용력, 포함, 함축, 포용주의

comprehensive [kàmprihénsiv] *a.* 이해가 빠른, 포괄적인, 넓은, 내포적인

compromise [kámprəmàiz] *n.* 타협, 양보, 화해, 절충안 ; *vi.* 타협하다, 화해하다.

concede [kənsíːd] *vt.* 인정하다, 양보하다, 용인하다, 승인하다, 부여하다.

concept [kánsept] *n.* 개념, 생각, 구상, 발상

concern [kənsə́ːrn] *vt.* 관계되다, …의 이해관계가 있다, 관심을 갖다, 염려하다(with).

concerned [kənsə́ːrnd] *a.* 관계하고 있는, 관심을 가진(with), 걱정스러운, 사회문제에 관심이 있는

conclude [kənklúːd] *vt.* 끝내다, 결말짓다, 체결하다, 결론을 내리다, 추단하다.

conclusion [kənklúːʒən] *n.* 결론, 결말, (조약의) 체결(of), 결정, 판정

concrete [kánkriːt] *n.* 콘크리트 ; *a.* 구체적인, 명확한

concur [kənkə́ːr] *vi.* 文語일치하다, 동의하다, 공동으로 작용하다, 협력하다, 동시에 일어나다.

concurrent [kənkə́ːrənt] *a.* 동시 발생의, 수반하는, 협력의, 의견이 같은, 일치하는, 같은 권리의

condemn [kəndém] *vt.* 선고하다, 유죄판결을 하다, 비난하다, 책망하다.

condemned [kəndémd] *a.* 유죄선고를 받은, 사형수의, 몰수하기로 된 俗저주받은

condolence [kəndóuləns] *n.* 조상(弔喪), 애도

conducive [kəndjúːsiv] *a.* 도움이 되는, 이바지하는

conduct [kándʌkt] *n.* 행위, 행실, 지도, 안내, 경영, 관리, 각색, 취향 ; [kəndʌ́kt] *v.* 행동하다, 처신하다, 지휘하다, 이끌다, 수행하다, 처리하다.

conference [kánfərəns] *n.* 협의, 상의, 회의, 수여 美경기연맹

confidence [kánfədəns] *n.* 자신, 확신, 대담함, 신임, 신용, 비밀, 속이야기

confident [kánfədənt] *a.* 확신하고, 자신 만만한

confirm [kənfə́ːrm] *vt.* 확실하게 하다, 확립하다, 확인하다, 固추인하다.

confirmed [kənfə́ːrmd] *a.* 확인된, 비준된, 상습적인, 굳어버린, 완고한, 만성인

conflict [kánflikt] *n.* 전투(fight), 투쟁(struggle), 충돌, 상충, 대립, 모순, 갈등 ; [kənflíkt] *vt.* 충돌하다, 모순되다, 싸우다, 다투다.

conform [kənfɔ́ːrm] *vt.* 따르게 하다, 맞게 하다(to), (규칙·관습 등에) 따르다, 순응하다.

confront
　　　　　　　　　　　　　　　　　　cost

confront [kənfrʌ́nt] vt. 직면하다.

congress [káŋgris] n. 국회, 의회

congressional [kəŋgréʃənəl] a. 회의의, 국회의

connected [kənéktid] a. 연속된, 일관된

conscience [kánʃəns] n. 양심

consciousness [kánʃəsnis] n. 자각, 감지, 의식, 지각

consensus [kənsénsəs] n. 일치, 여론, 교감

consequence [kánsikwèns] n. 결과, 결말, 결론, 중대성, 잘난 체함, 자존

consider [kənsídər] vt. 숙고하다, 고찰하다, …을 …이라고 생각하다, 고려하다, 주시하다.

considerably [kənsídərəbli] ad. 상당히, 꽤

consideration [kənsìdəréiʃən] n. 이해성, 참작, 고려, 숙고, 고려할 사항, 경의, 존중, (보통 sing) 보수, 팁

consistent [kənsístənt] a. 일관된, 언행이 일치된, 부합하는, 철저한

constant [kánstənt] a. 불변의, 일정한, 끊임없이 계속하는, 부단한, 文語충실한, 절개가 굳은, 견실한

constantly [kánstəntli] ad. 끊임없이, 항상, 자주

constitution [kànstətjúːʃən] n. 구성, 구조, 체질, 골자, 본질, 소질, 성격, 國헌법, 정체(政體), 국체(國體), 제정

constraint [kənstréint] n. 강제, 압박, 속박

construct [kənstrʌ́kt] vt. 짜맞추다, 세우다.

construction [kənstrʌ́kʃən] n. 건조, 건설, 건축, 구조, 건물, 구성, 구문

constructive [kənstrʌ́ktiv] a. 건설적인, 구조적인, 구성적인, 해석에 의한

consult [kənsʌ́lt] vt. 의견을 묻다, 진찰을 받다, 참고하다, 고려하다. ; vi. 상의하다(with), 컨설턴트 직을 맡다.

consultation [kànsəltéiʃən] n. 상의, 상담, 협의, 자문, 참고, 참조, 협의회

consume [kənsúːm] vt. 다 써버리다, 소비하다, 낭비하다, 소멸시키다, 태워버리다, 마음을 좀먹다.

consuming [kənsúːmiŋ] a. 소비하는, 애태우는, 여위게 하는, 태워버리는

contact [kántækt] n. 접촉, 친교(with)

content [kántent] ¹n. (보통 pl.) 속알맹이, 내용물, (서적 등의) 차례, 목차, 내용 ; ²a. 만족하여(with), 안심하여, 찬성하여 ; n. 文語만족, 英·上院찬성투표자

context [kántekst] n. 문맥, 전후 관계, 배경, 정황

continent [kàntənént] n. 대륙, 육지, 본토 ; a. 文語자제심이 있는, 정절이 있는, 금욕적인, 정숙한

continental [kàntənéntl] a. 대륙의, 대륙성의

contingent [kəntíndʒənt] a. …에 부수하는(to), …나름으로의, 우발적인, 뜻밖의, 國불확정의 ; n. 분담(액), 파견단, 대표단, 뜻밖의 일

continually [kəntínjuəli] ad. 계속적으로, 계속해서

continuation [kəntìnjuéiʃən] n. 계속, 연속(of), 증축, 圖(결산의) 이연, 이월거래

continue [kəntínju(ː)] vt. 계속하다, 지속하다, 연장하다, 國연기하다, 圖이월하다, 이연하다.

continuous [kəntínjuəs] a. 끊임없는, 연속적인, 그칠 줄 모르는

continuously [kəntínjuəsli] ad. 계속해서, 끊임없이

continuum [kəntínjuəm] n. 연속(체)

contrast [kántræst] n. 대조, 대비, 현저한 차이

contribute [kəntríbju:t] vt. 기증(기부)하다, 기고하다, 기여하다.

contribution [kàntrəbjúːʃən] n. 공헌, 기여, 기부

control [kəntróul] n. 지배, 단속, 억제

convene [kənvíːn] vt. 소집하다, 소환하다.

conventional [kənvénʃənəl] a. 전통적인, 틀에 박힌, 진부한, 약정의, 협정의, 핵을 사용하지 않은, 원자력을 사용하지 않는, 재래식 무기의

conversation [kànvərséiʃən] n. 회화, 대화, 담화

convey [kənvéi] vt. 나르다, 전달하다, 운반하다, 뜻하다, 시사하다, 國양도하다.

conviction [kənvíkʃən] n. 신념, 확신, 설득, 國유죄의 관결, 神學죄의 자각, 회오(悔悟), 뉘우침

convince [kənvíns] vt. 확신시키다, 납득시키다.

cooperate [kouápərèit] vi. 협력하다, 협동하다.

cooperation [kouàpəréiʃən] n. 협력, 협동

coordination [kouɔ̀ːdənéiʃən] n. 동등, 文法대등 관계, 조정, 공동작용

core [kɔː] n. 응어리, 핵심, 골자, 속마음, 중심핵 ; vt. 속을 빼내다. †CORE : 美인종 평등 회의(Congress of Racial Equality)

corporate [kɔ́ːpərət] a. 법인(조직)의, 단체의, 집합적인, 통합된

corporation [kɔ̀ːpəréiʃən] n. 國법인, 사단법인, 지방 공공 단체, 美유한(주식)회사, 조합, 단체

corps [kɔː] n. (pl.) [kɔːz] 軍 군단, 병단(보통 2-3개의 사단으로 구성되며, 군(army)에 소속), (같은 일·활동을 하는) 단체, 단(團)

correspondence [kɔ̀ːrəspándəns] n. 일치, 상응, 대응, 해당, 통신, 서신왕래

correspondent [kɔ̀ːrəspándənt] n. 통신인, 특파원, 기고가, 거래처, 일치하는 것

corrupt [kərʌ́pt] a. 타락한, 부패한, 부도덕한, 사악한, 부정한, 뇌물이 통하는, (언어가) 순수성을 잃은 ; vt. (사람·품성 등을) 타락시키다, (뇌물로) 매수하다, (원문을) 개약하다, 변조하다, 부패시키다.

corruption [kərʌ́pʃən] n. 타락, 퇴폐, 매수, 독직, 부패, (언어의) 순수성 상실, (원문의) 변조

cost [kɔːst] n. 원가, 비용, 경비, 대가, 희생, 손실, 고통 ;

vt. (비용·대가가) 들게 하다, 치르게 하다, (시간·노력 등을) 요하다, 희생하게 하다, 잃게 하다 ; *vi.* (비용이) 들다, (원가를) 산정하다.

council [káunsəl] *n.* 회의, 협의, 평의회, 자문회의, 지방의회

counter [káuntər] *n.* ^{1}계산대 ; *a.^{2}* 반대의, 거꾸로의 ; *vt.* 대항하다, 반대하다, 맞서다, 취소하다.

counterterrorism [kàuntərtérərìzm] *n.* 보복 테러

courage [kə́:ridʒ] *n.* 용기, 담력, 배짱

course [kɔ:s] *n.* 진행, 진로, 항로, 과정, 경과, 방침, 방향, 과정, (*pl.*) 행동, 거동 ; *vt.* (말 등을) 달리다, (사냥개로 하여금) 몰게 하다.

cousin [kʌ́zn] *n.* 사촌, 친척, 일가, 경(卿)

covering [kʌ́vəriŋ] *n.* 덮음, 엄호, 덮개, 외피, 지붕

covet [kʌ́vit] *vt.* (남의 물건 등을) 턱없이 탐내다, 몹시 바라다, 갈망하다.

crack [kræk] *n.* 갈라진 금, 틈, 조금, 약간, 갑자스런 날카로운 소리, 날카로운 일격, (*pl.*) 소식, 진담 ; *ad.* 탁, 찰칵, 우지직 ; *vi.* 금이 가다, 날카로운 폭음을 내다, 변성하다, 지껄이다, 굴복하다, 녹초가 되다.

crash [kræʃ] *n.* (무엇이 무너지거나 충돌할 때 나는 소리) 와르르, 쿵, 꽝, (시세·장사 등의) 무너짐, 붕괴, 파멸, (비행기의) 추락, (차의) 충돌 ; *vi.* 와지끈(산산이) 부서지다(무너지다), 와르르 무너지다, (사업·계획 등이) 실패하다, 파산하다, (비행기가 착륙하며) 파손되다, 추락하다, 파괴되다.

creation [kriéiʃən] *n.* 창조, 천지창조, 창작, 창설, 산물, 작품, 《집합적》 (신의) 창조물, 삼라만상

creative [kriéitiv] *a.* 창조적인, 독창적인, 창의력이 있는 ; *n.* 回回 독창적인 사람

creativity [krì:eitívəti] *n.* 창조적임, 독창성

creature [krí:tʃər] *n.* (신의) 창조물, 생물, 인간, 사람, 예속자, 소산, 산물, 아들

credit [krédit] *n.* 신뢰, 신용, 명성, 신용장

creed [kri:d] *n.* 신조, 신념, 강령, 주의, (종교상의) 신경 (信經)　✝**the C~** : 사도신경

cricket [kríkit] *n.* ^{1}귀뚜라미 ; ^{2}크리켓, 英·口 공명정대한 행동, 페어플레이, 신사다운 행동 ; ^{3}낮은 의자, 발판

crime [kraim] *n.* 죄, 범죄

cripple [krípl] *n.* 신체장애자, 불구자 ; *vt.* 병신으로 만들다, 무능(무력)하게 만들다, 해치다.

crippled [krípld] *a.* 불구의, 무능력한

crisis [kráisis] *n.* 위기, 중대 국면, 분기점

critical [krítikəl] *a.* 비평(가)의, 평론의, 비판적인, 엄밀한, 위기의, 위험한, 아슬아슬한, 중대한, 결정적인

crossing [krɔ:siŋ] *n.* 횡단, 교차, 교차점, 횡단보도

crowd [kraud] *n.* 군중, 대중

crowded [kráudid] *a.* 붐비는, 만원의, 가득 차서, 파란

만장의, 다사다난한(*with*)

crucial [krú:ʃəl] *a.* 결정적인, 중대한

crucible [krú:səbl] *n.* 도가니, 가혹한 시련

cruel [krú:əl] *a.* 잔혹한, 잔인한, 무자비한, 무서운

cruelty [krú:(:)əlti] *n.* 잔학, 무자비, (*pl.*) 잔인한 행위

crusade [kru:séid] *n.* 십자군, (종교상의) 성전, 개혁운동 ; *vi.* 십자군에 참가하다.

culture [kʌ́ltʃər] *n.* 교양, 훈련, 수양

cure [kjuər] ^{1}*n.* 치료, 치료법, 광천(鑛泉), 온천, 치유, 회복, 구제책, (영혼의) 구원, 신앙 감독, 성직, 관할 교구, 소금절이 ; *vt.* (병이나 환자를) 치료하다, 고치다, 교정(矯正)하다, 제거하다, 구제(구원)하다, 가공하다, 절이다, 건조하다, (고무를) 경화시키다 ; *vi.* (병이) 낫다, 보존에 적합한 상태가 되다, (고무가) 경화하다 ; ^{2}*n.* 俗語 별난 사람, 괴짜, 기인(奇人)

current [kə́:rənt] *a.* 현재의, 지금의, 현행의, 유통하는 ; *n.* 흐름, 경향 電 전류, 전류의 세기

currently [kə́:rəntli] *ad.* 일반적으로, 널리, 지금, 거침없이, 수월하게

curtain [kə́:rtn] *n.* 커튼, 휘장, 막, 칸막이

customarily [kʌ́stəmérəli] *ad.* 습관적으로, 관례상

cynic [sínik] *n.* 비꼬는 사람, 냉소가

cynicism [sínisìzm] *n.* 냉소(주의)

D

damage [dǽmidʒ] *n.* 손해, 피해, 비용, 대가

damnable [dǽmnəbl] *a.* 가증한, 저주받을 만한, 口 지긋지긋한

dangerous [déindʒərəs] *a.* 위험한, 위태로운, 위독한

darkness [dá:knis] *n.* 암흑, 어둠, 캄캄함, 무지, 흑심, 모호, 맹목

darling [dá:liŋ] *n.* 가장 사랑하는 사람, 사랑스런 사람

deadlock [dédlàk] *n.* 막다른 골목, 정돈(停頓)

deadly [dédli] *ad.* 치명적인, 치사의, 활기없는, 따분한, 지루한, 매우 효과적인

deal [di:l] *vi.* 다루다, 취급하다(*with*).

dealing [dí:liŋ] *n.* 교섭, 관계, 교제

debater [dibéitər] *n.* 토론가, 토의자

debauch [dibɔ́:ʃ] *vt.* (주색으로) 타락시키다, 유혹하다, 더럽히다 ; *n.* 방탕, 난봉

debt [det] *n.* 빚, 부채, 신세

decade [dékeid] *n.* 10년간

deceive [disí:v] *vt.* 속이다, 기만하다, 현혹시키다, 속여서 …하게 하다.　✝**deceive oneself** : 잘못 생각하다, 오해하다.

decision [disíʒən] *n.* 결정, 결심, 결단(력), 과단성

decisive [disáisiv] *a.* 결정적인, 중대한, 과단성이 있는,

deck   **detail**

명확한

deck [dek] *n.* 海갑판, 덱, 美객차 지붕, (버스 등의) 바닥, 층; *vt.* 장식하다, 갑판을 깔다.

declaration [dèkləréiʃən] *n.* 선언, 발표, 포고, 신고, 法진술, 소장 †the Declaration of Independence (미국의) 독립선언

declare [diklέər] *vt.* 선언하다, 공표하다, 언명하다, 신고하다, 나타내다.; *vi.* 法주장을 진술하다.

decree [dikríː] *n.* 법령, (법원의) 명령, 판결, 포고; *vt.* (신이) 명하다, (운명이) 정하다, (법령으로) 포고하다, 美판결하다.

deed [diːd] *n.* 행위(action), 공적, 업적, 실행, 사실 法증서, 권리증

defeat [difíːt] *vt.* 쳐부수다, 패배시키다, (계획·희망 등을) 좌절시키다, 法무효로 하다.; *n.* 타파, 패배, 짐, 좌절, 실패(*of*)

defend [difénd] *vt.* 방어하다, 지키다, 옹호하다, 法변호(항변·답변)하다.

defender [diféndər] *n.* 방어자, 옹호자

defense [diféns] *n.* 방어, 수비

define [difáin] *vt.* 정의를 내리다, 규정짓다.

definite [défənət] *a.* 한정된, 명확한, 일정한

definition [dèfəníʃən] *n.* 한정, 정의

deflection [diflékʃən] *n.* 빗나감, 비뚤어짐, 치우침, 物편향, 기울, 편차

defy [difái] *vt.* 문제삼지 않다, 무시하다, 얕보다, (사물이) 허용하지 않다, (해결·시도 등을) 좌절시키다, 도전하다. † ~description: 이루 다 말할 수 없다.

degradation [dègrədéiʃən] *n.* 좌천, 저락, 타락, 퇴폐

degree [digríː] *n.* 정도, 단계, 계급, 신분, 지위, 文法급

delay [diléi] *vt.* 늦추다, 미루다, 연기하다.

deliberate [dilíbərət] *a.* 신중한, 생각이 깊은, 사려 깊은, 찬찬한, 침착한, 느긋한, 고의의, 계획적인; *vt.* [dilíbərèit] 숙고하다, 숙의(심의·토의)하다.

deliberately [dilíbərətli] *ad.* 신중히, 고의로, 일부러

delight [diláit] *n.* 기쁨, 즐거움, 환희; *vt.* 매우 기뻐하다, (눈·귀를) 즐겁게 하다.

delinquency [dilíŋkwənsi] *n.* 직무 태만, 의무 불이행, 체납금, 과실, 범죄

deliver [dilívər] *vt.* (편지·물건 등을) 배달하다, 넘겨주다, 인도하다, (연설·설교를) 하다, (의견을) 말하다, (타격·공격 등을) 주다, 가하다, (타자에게 공을) 던지다, 구해내다, 해방시키다.

delivery [dilívəri] *n.* 배달, 인도, 교부, 납품, 말투, 방출, 발사, 구조, 해방, 분만, 해산, 출산

demagogue [déməgɔ̀g] *n.* 선동(정치)가, (옛날의) 민중(군중) 지도자

demand [dimǽnd] *vt.* 요구하다, 청구하다, 필요로 하다, 묻다, 힐문하다.; *n.* 요구, 청구, 經수요, 法청구

demise [dimáiz] *n.* 붕어(崩御), 서거, 사망, 法권리양도, (왕위의) 계승, 양위, 소멸, 활동 정지

democracy [dimákrəsi] *n.* 민주주의

democratic [dèməkrǽtic] *a.* 민주주의(정체)의, 평민적인, 사회적 평등을 존중하는

demon [díːmən] *n.* 악마, 마귀, 귀신, 귀재, 명인, 신령

demonstrate [démənstrèit] *vt.* 논증하다, 설명하다, 표시하다, 내색하다.; *vi.* 시위 운동(데모)를 하다(*for*).

demonstration [dèmənstréiʃən] *n.* 논증, 증명, 증거, 데모, 시위 운동, 軍군사력의 과시, 양동작전

denounce [dináuns] *vt.* 비난하다, 탄핵하다, 고발하다.

deny [dinái] *vt.* 부인(부정)하다, 거절하다.

deploy [diplɔ́i] *n.* 軍전개, 배치; *vt. vi.* 전개하다(시키다), (전략적으로) 배치하다.

deployment [diplɔ́imənt] *n.* 전개

depression [dipréʃən] *n.* 억압, 의기소침, 우울, 불경기, 불황; (the D~) 대공황

derive [diráiv] *vt.* (다른 것·근원에서) …을 끌어내다, 얻어내다, …에 기원을 두다, 유래를 두다.

descent [disént] *n.* 강하, 하락, 가계, 출신, 혈통, 세습, 상속, 유전

describe [diskráib] *vt.* 묘사하다, 말로 설명하다, 평하다, 그리다, …의 징조이다, 나타내다.

description [diskrípʃən] *n.* 기술, 서술, 서술적 묘사

deserve [dizə́ːrv] *vt.* …할 가치가 있다, …할(받을) 만하다.

design [dizáin] *vt.* 설계하다, 계획하다, 입안하다.

designed [dizáind] *a.* 설계에 의한, 고의의, 계획적인

desire [dizáiər] *vt.* 몹시 바라다, 욕구하다, 원하다, 희망하다.; *n.* 욕구, 욕망, 갈망, 정욕, 희망, 요구

despair [dispέər] *n.* 절망, 자포자기; *vi.* 절망하다, 단념하다(*of*).

desperately [déspərətli] *ad.* 절망적으로, 몹시, 필사적으로, 지독하게(excessively)

desperation [dèspəréiʃən] *n.* 절망, 자포자기

despise [dispáiz] *vt.* 경멸하다, 혐오하다.

despite [dispáit] *prep.* …에도 불구하고; *n.* 무례, 위해, 악의, 원한 古경멸

despotic [despátik] *a.* 전제적인, 횡포한

destined [déstind] *a.* 예정된, 운명지어진

destiny [déstəni] *n.* 운명, 숙명, (D~) 하늘, 신

destroy [distrɔ́i] *vt.* 파괴하다, 소실시키다, 무효로 하다, 망치다, 괴멸하다.

destruction [distrʌ́kʃən] *n.* 파괴, 멸망

detail [ditéil] *n.* 세부, 항목, 상세한 설명 軍행동 명령, 특별 임무; *vt.* 상술하다, 열거하다, 軍특파하다, 선발하다.

deter　　　　　　　　　　　　　　　　　　　　　　　**divulge**

deter [ditə́:r] vt. 그만두게 하다, 단념시키다.

determination [ditə̀:rminéiʃən] n. 결심, 결정, 결단

determine [ditə́:rmin] vi. 결심하다, 결정하다.

determined [ditə́:rmind] a. 결연(단호)한, 굳게 결심한, 결정(확정)된, 한정된

devastate [dévəstèit] vt. 황폐시키다, 압도하다.

devastating [dévəstèitiŋ] a. 파괴적인, 참화를 가져오는, 比喩(의론 등이) 압도적인, 통렬한, 回훌륭한, 넋을 잃게 하는, 지독한

devote [divóut] vt. 바치다, 쏟다, 기울이다.

devoted [divóutid] a. 헌신적인, 맹세한, 골몰하여, 열렬히 사랑하는, 固저주받은

devotion [divóuʃən] n. 헌신, 전념, 강한 애착, 헌신적 사랑, 귀의, 신앙

dictate [díkteit] vt. 구술하다, (필기자에게 불러주어) 받아쓰게 하다, (강화(講話)·조건·방침 등을) 명령(지령)하다, 규정하다, 요구하다.

dictator [díkteitər] n. 독재자, 구술자

diction [díkʃən] n. 용어 선택, 어법, 말씨, 美발성법, 화법(美elocution)

difference [dífərəns] n. 다름, 차이, 차액, (종종 pl.) 의견차이, (국가 간의) 분쟁, 불화, 다툼

different [dífərənt] a. 딴, 다른, 별개의, 색다른, 독특한, 갖가지의

dignity [díɡnəti] n. 존엄, 위엄, 품위, 위엄, (태도 등의) 장중, 위풍

dimension [diménʃən] n. 치수, (pl.) 넓이, 면적, 크기, 용적, 부피, 규모, 범위, 특질

diminish [dimíniʃ] vt. 줄이다, 감소하다, 반음 낮추다.

diplomacy [diplóuməsi] n. 외교, 외교적 수완

diplomat [dípləmæ̀t] n. 외교관, 외교가

diplomatic [dìpləmǽtik] a. 외교상의, 외교관의, 고문서 연구의, 원문대로의, 면허장의

direct [dirékt] vt. 지도하다, 가리키다, 돌리다, 겉봉을 쓰다. ; a. 똑바른, 직접의, 솔직한, 직접의

direction [dirékʃən] n. 방향, 방면, 지도, 지시

directly [diréktli] ad. 곧장, 직접, 전적으로

disagree [dìsəɡrí:] vi. 일치하지 않다(with), 의견이 다르다(differ).

disagreement [dìsəɡrí:mənt] n. 불일치, 의견 차이, 부적합, 논쟁

disappointed [dìsəpóintid] a. 실망한, 기대가 어긋난, 낙담한, 실연한

disappointment [dìsəpóintmənt] n. 실망, 기대에 어긋남, 실망의 원인

disarmament [dìsá:rməmənt] n. 군비축소, 무장해제

discover [diskʌ́vər] vt. 발견하다, 깨닫다, 알다, 드러내다, 내색하다.

discriminatory [diskrímənətɔ̀:ri] a. 차별적인, 식별력이 있는

discussion [diskʌ́ʃən] n. 토론, 토의(debate), 검토, 심의, 논문, 논고, 図변론

disinterest [disíntərist] n. 무관심, 이해관계가 없음

dislike [disláik] vt. 싫어하다, 좋아하지 않다.

dismantle [dismǽntl] vt. 장비를 떼어내다, 비품을 치우다, 옷을 벗기다, 분해하다, 해체하다, 소멸시키다.

disorder [disɔ́:dər] n. 무질서, 혼란, 난잡, 소동, 장애

dispatch [dispǽtʃ] n. 급파, 특파, 급송, 발송

displace [displéis] vt. 바꾸어놓다, 옮겨놓다, 대신 들어서다, 면직하다, 강제 퇴거시키다.

display [displéi] vt. 표명하다, 펼치다, (감정 등을) 나타내다, 전시하다, 진열하다. ; n. 전시, 진열, 표명, 표시

disposal [dispóuzəl] n. 처분, 처리, 양도, 매각, 처분의 자유, 배치, 배열

dispose [dispóuz] vt. 배치하다, 처리하다, …할 마음이 내키다, …의 경향을 갖게 하다, 충당하다, 배분하다.

dispute [dispjú:t] vt. 논하다, 반박하다, 이의를 제기하다. ; n. 논쟁, 분쟁, 항쟁, 싸움

disrespect [disrispékt] n. 무례, 실례, 경시, 경멸

disrupt [disrʌ́pt] vt. 붕괴시키다, 분열시키다, (일시적으로) 혼란시키다. ; a. 분열한, 분쇄된

dissent [disént] vi. 의견을 달리하다, 이의를 말하다, 図국교에 반대하다.

dissertation [dìsərtéiʃən] n. 학술 논문, 학위 논문

dissever [disévər] vt. 분리하다, 분할하다.

dissident [dísədənt] a. 의견을 달리하는, 반체제의

distance [dístəns] n. 먼 거리, 먼 곳

distant [dístənt] a. 먼, 멀리서 온, 멀리 떨어진, 아득한, 어렴풋한, 원격의, 거리를 두는, 쌀쌀한

distinguished [distíŋgwiʃt] a. 두드러진, 저명한, 뛰어난, 기품 있는, 품위 있는

distribution [dìstrəbjú:ʃən] n. 분배, 배급, 배포, 분포, 배열, 배치

diverge [divə́:rdʒ] vi. (길·선 등이) 분기하다, 발산하다, 빗나가다, (의견 등이) 갈라지다.

divergence [divə́:rdʒəns] n. 분기, 일탈, 차이, 발산

divergent [divə́:rdʒənt] a. 분기하는, 발산하는, (의견 등이) 다른

diverging [divə́:rdʒiŋ] a. = divergent

diversity [divə́:rsəti] n. 상이점, 상이

divided [diváidid] a. 분할된, 갈라진, 분열된

dividend [dívədènd] n. 數피제수, 나눔수, 이익 배당, 배당금, 분배금(in)

division [divíʒən] n. 분할, 분배, 구획, 구분, 분열, 불일치, 불화, 軍사단

divulge [divʌ́ldʒ] vt. 누설하다, …을 폭로하다.

doctrine [dáktrin] *n.* 원칙, 학설, 주의, 교리

document [dákjumənt] *n.* 문서, 서류, 기록, 증서, 증권, 기록영화; *vt.* 증거서류를 제공하다, 문헌을 부기하다, 상세히 보도하다.

domestic [dəméstik] *a.* 국내의, 자국의, 가정의, 길든; *n.* 하인, 종, 하녀

dominion [dəmínjən] *n.* 지배(통치)권, 통제, 주권 (the D~) (영 연방의) 자치령

donate [dóuneit] *vt.* 美 (자선사업·공공기관에) 기부하다(*to*), 증여하다. † ~ **blood** : 헌혈하다.

doubt [daut] *vt.* 의심하다, 수상히 여기다, 의혹을 품다, 염려하다.

downgrade [dáungrèid] *vt.* 품질(지위 등)을 떨어뜨리다, 강등(격하)시키다.

dozen [dʌ́zn] *n.* 다스, 12개

dozens [dʌ́znz] *n.* 美 俗 상대방 가족에 대한 농담을 하는 게임(흑인의 게임)

drain [drein] *vt.* 배수(방수)하다, (물 등을) 빼어 말리다, 쭉 마셔버리다, (재물·힘 등을) 차츰 소모시키다, 고갈시키다.; *n.* 배수로, 방수로, 배출, 냉비, 유출, 고갈

dramatic [drəmǽtik] *a.* 희곡의, 각본의, 극적인

dramatically [drəmǽtikəli] *ad.* 희곡적으로, 극적으로

draw [drɔ:] *vt.* 당기다, 잡아끌다, (활을) 당기다, 잡아빼다, (두레박으로) 길어 오르다, (결론을) 내다.

drift [drift] *vi.* 표류하다, 되는 대로 지내다.; *n.* 표류, 떠내려감

drive [draiv] *vt.* 몰다, 쫓다, (하는 수 없이 억지로) … 하게 하다(compel), (차 등을) 운전하다, 조종하다, 작동시키다, (장사 등을) 해내다, 경영하다. † ~ **away** : 몰아내다, 쫓아내다, (번거로움 등을) 없애다, 차를 몰고 가버리다.

drown [draun] *vi.* 물에 빠져 죽다, 익사하다.

drug [drʌg] *n.* 약, 마약

dual [djú:əl] *a.* 둘의, 이중의, 이원적인, 양수의

due [dju:] *a.* 지불 기일이 된; *n.* 부과금

dull [dʌl] *a.* 무딘, 둔한

Dutch [dʌtʃ] *a.* (본래는 '독일의'의 뜻이었으나 17세기부터 '네덜란드의' 뜻이 되었음) 네덜란드의; *n.* 네덜란드 말, (the~) 네덜란드 사람

duty [djú:ti] *n.* 의무, 의리, (*pl.*) 임무, 직책, 직분, 세금, 관세, 文語 존경, 경의

dwell [dwel] *vi.* 살다, 거주하다, 머무르다.

dynamic [dainǽmik] *a.* 동력의, 역학의, 원동력을 내는, 정력적인, 활동적인

E

earnest [ə́:rnist] *a.* 진지한, 열심인, 열렬한, 중대한; *n.* 진심, 진지

easily [í:zəli] *ad.* 용이하게, 쉽게, 원활하게, 편안하게

economist [ikɔ́nəmist] *n.* 경제학자, 경제가

economy [ikɔ́nəmi] *n.* 절약, 검약, 경제; *a.* 경제적인, (여객기의) 보통석의

educate [édʒukèit] *vt.* 교육하다, 육성하다, 기르다, 훈련하다, (종종 수동형으로) 교육을 받게 하다.

education [èdʒukéiʃən] *n.* 교육, 훈련

effective [iféktiv] *a.* 효과적인, 인상적인, 사실상의, 실제의, 유효한

effectiveness [iféktivnis] *n.* 유효(성), 효과적임

efficient [ifíʃənt] *a.* 능률적인, 효과가 있는, 유능한, 실력 있는, 적임인

effort [éfərt] *n.* 노력, 분투, 수고

egregious [igrí:dʒəs] *a.* 지독한, 악명 높은, 괘씸하기 짝이 없는, 固 터무니한, 발군의

elastic [ilǽstik] *a.* 탄력 있는, 신축성이 있는, 반발력이 있는, 활달한, 쾌활한; *n.* 고무 끈, 고리 모양의 고무줄

election [ilékʃən] *n.* 선거, 당선, 하느님의 선택

element [éləmənt] *n.* 원소, 요소, 고유의 영역, 집단, 분자, 기미, 부대, 분대, 최소 단위의 편대

elephant [éləfənt] *n.* 코끼리, 美 공화당의 상징, 英 도화지의 크기, 거대한 사람, 俗 뚱뚱한 사람

eliminate [ilímənèit] *vt.* 제거하다, 배제하다, 탈락시키다, 배설하다, 무시하다, 口 없애다, 죽이다.

elimination [ilìmənéiʃən] *n.* 제거, 배제, 삭제, 예선, 生理 배출, 배설

eloquence [éləkwəns] *n.* 웅변, 능변, 유창한 화술, 이성에 호소하는 힘

embark [imbáːk] *vt.* (배·비행기 등에) 태우다, 승선(탑승)시키다.; *vi.* 승선(탑승)하다, 착수(종사)하다.

embrace [imbréis] *vt.* 포옹하다, 껴안다(hug), 포함하다, 文語 (제안 등을) 기꺼이 받아들이다, (주의 등을) 채택하다, (기회를) 포착하다, 알아채다, 터득하다, 깨닫다, (교의를) 받아들이다.

emergence [imə́:rdʒəns] *n.* 출현(*of*), 탈출(*from*)

emotion [imóuʃən] *n.* 감동, 감격, 정서, 감성

empathy [émpəθi] *n.* 감정이입, 공감

emperor [émpərər] *n.* 황제, 제왕

emphasize [émfəsàiz] *vt.* 강조하다, 역설하다.

empire [émpaiər] *n.* 제국, 통치, 제정

employee [implɔ́ii] *n.* 피고용인, 종업원

enable [inéibl] *vt.* (사물이 사람에게) …할 수 있게 하다, …하는 힘(권능, 능력 등을) 부여하다, 가능하게 하다, …을 허락(허용·허가)하다.

encounter [inkáuntər] *vt.* 만나다, (적과) 충돌하다, 교전하다.

encouraging [inkə́:ridʒiŋ] *a.* 격려의, 힘을 북돋아 주

는, 유망한

endeavor [indévər] *n.* 노력 ; *vi.* 노력하다, 시도하다.

endorse [indɔ́:s] *vt.* 배서(이서)하다, 써넣다, 뒷받침하다, 시인하다, 보증하다, 추천하다.

endure [indjúər] *vt.* 견디다, 참다.

enemy [énəmi] *n.* 적, 적군, 반대자, 악마

energy [énərdʒi] *n.* 정력, 힘, 세력, 에너지, 활동력, (잠재적인) 능력

enforce [infɔ́:s] *vt.* 강요하다, 강력히 주장하다.

enforcement [infɔ́:smənt] *n.* 시행, 실시, 강제

engage [ingéidʒ] *vt.* 계약(약속)으로 속박하다, 보증하다, 약혼시키다, (~ oneself 형태로) 종사시키다, 관여하다(*in*), (시간 등을) 채우다, 차지하다, 고용하다, (사람을 담화 등에) 끌어들이다.

engine [éndʒin] *n.* 발동기, 기관차

engrave [ingréiv] *vt.* 새기다, 인쇄하다, 박아내다, 새겨두다, …에게 강한 인상을 주다.

enhance [inhǽns] *vt.* 높이다, 강화하다.

enlarge [inlá:dʒ] *vt.* 크게 하다, 확대하다, 확장하다.

enlighten [inláitn] *vt.* 계몽하다, 교화하다, (뜻 등을) 밝히다, 설명하다, 가르치다.

enrich [inrítʃ] *vt.* 부자가 되게 하다, 풍성(부)하게 하다.

enslave [insléiv] *vt.* 노예로 만들다, 사로잡다.

ensure [inʃúər] *vt.* 확실하게 하다, 보증하다, 안전하게 하다, 지키다.

enterprise [éntərpràiz] *n.* 기획, 기업, 사업, 기업체, 회사, 기업열, 투기심, 모험심

enthusiasm [inθjú:ziæ̀zm] *n.* 감격, 열중, 열광, 의욕

entire [intáiər] *a.* 전체의, 완전한, 흠이 없는, 빠짐없이 갖추어진 ; *n.* 순수한 것, 품질이 고른 물건

entirely [intáiərli] *ad.* 전혀, 아주, 전적으로

entitle [intáitl] *vt.* …의 칭호를 주다, 표제를 붙이다, 권리를 주다(*to*).

entrench [intréntʃ] *vt.* 참호로 에워싸다, (~ oneself 로) 자기 입장을 굳히다, 확립하다, 지반을 굳히다.

entrepreneur [ɑ̀:ntrəprəné:r] *n.* 기업가(enterpriser), 중개업자

entrust [intrʌ́st] *vt.* 맡기다, 위임하다, 위탁하다.

environment [inváiərənmənt] *n.* 환경, 여건

envisage [invízidʒ] *vt.* (어떤 관점에서) 관찰하다, 마음에 그리다, 상상하다, (위험에) 직면하다.

envy [énvi] *n.* 질투, 선망 ; *vt.* 부러워하다, 질투하다.

episode [épəsòud] *n.* 삽화, 에피소드, 삽화적인 일

epitomize [ipítəmàiz] *vt.* …의 전형이다, 요약하다.

equal [í:kwəl] *a.* 같은, 동등한, 감당하는

equality [i(:)kwáləti] *n.* 평등, 대등

equalize [í:kwəlàiz] *vt.* 같게 하다, 균등하게 하다.

equally [í:kwəli] *ad.* 똑같게, 평등하게, 동시에, 균일하

게, (접속사적) 그와 동시에, 그럼에도 불구하고

equilibrium [ì:kwəlíbriəm] *n.* 평형, 균형, 평안, 안정

equip [ikwíp] *vt.* (…에게 필요한 것을) 갖추어 주다, (군대를) 장비하다, (배를) 의장(艤裝)하다, (학문·지식·소양·기능 등을) 갖추게 하다.

equipment [ikwípmənt] *n.* 준비, 장비, 설비, 지식, 기술, 능력, 소양, 차량, 병기

equivalent [ikwívələnt] *a.* 동등한, 상당하는

equivocal [ikwívəkəl] *a.* 두 가지 뜻으로 해석되는, 확실치 않은, 미심스러운, 모호한

era [íərə] *n.* 연대, 시기

eradicate [irǽdikèit] *vt.* 뿌리째 뽑다(root up), 박멸하다(extirpate), 근절하다(root out).

erode [iróud] *vt.* (병 등이) 좀먹다, 침식하다, 부식시키다, (신경·마음 등을) 서서히 손상시키다.

erroneous [iróuniəs] *a.* 文語 잘못된, 틀린 ⑭ ~ly *ad.* 잘못하여, 틀려서

escalate [éskəlèit] *vt.* (전쟁 등을) 단계적으로 확대하다, (임금·물가 등을) 차츰 올리다.

escalation [èskəléiʃən] *n.* (임금·물가·전쟁 등의) 단계적 확대, 에스컬레이션

especially [ispéʃəli] *ad.* 특히, 유달리, 각별히

essence [ésns] *n.* 본질, 정수, 정유, 에센스, 향수, 宗 실재, 실체, 영적 존재

essential [isénʃəl] *a.* 없어서는 안될, 필수적인

establish [istǽbliʃ] *vt.* 설립하다, 성립시키다, 제정하다, 안정시키다, 취임시키다, 수립하다, 확증하다, 국교회로 하다, 꼭 딸 수 있게 하다.

established [istǽbliʃt] *a.* 확립된, 기정의, 국립의, 정착하여, 만성의, 장기 고용의

establishment [istǽbliʃmənt] *n.* 설립, 창설, 제도, 법규, 당국자, 가정, 세대, 시설, 설립물

esteem [istí:m] *vt.* 文語 존경하다, 중하게 여기다, 생각하다, 여기다, 평가하다. ; *n.* 존중, 존경, 평가

estimate [éstəmət] *n.* 견적, 어림, 추정, 평가

estimated [éstəmèitid] *a.* 견적의, 추측의

estrangement [istréindʒmənt] *n.* 소원(疏遠), 이간, 불화, 소외

ethical [éθikəl] *a.* 도덕상의, 윤리적인, 도덕적인, 인정기준에 따라 제조된

ethic [éθik] *a.* =ethical ; *n.* 윤리, 도덕률

ethics [éθiks] *n.* [단수취급] 윤리학, (개인·특정 사회·직업의) 윤리, 도의, 도덕

evanescent [èvənésnt] *a.* 덧없는, 사라져 가는, 지극히 미미한

eventually [ivéntʃuəli] *ad.* 결국, 드디어, 마침내

evil [í:vəl] *a.* 나쁜, 불길한 ; *n.* 죄악, 해악

evildoer [í:vəldú:ər] *n.* 악행자, 악인

evolution [èvəlúːʃən] *n.* 전개, 발전, 진전, 匡·天진화

evolve [ivɔ́lv] *vt.* 전개하다, 진화시키다, 방출하다.

exactly [igzǽktli] *ad.* 정확하게, 엄밀하게, 꼭

exceedingly [iksíːdiŋli] *ad.* 매우, 대단히, 엄청나게

excellency [éksələnsi] *n.* = excellence, 각하(장관이나 대사 등에 대한 존칭)

excess [ékses] *n.* 초과, 여분, 과잉, 지나침, 부절제

exchange [ikstʃéindʒ] *vt.* 교환하다, 환전하다(for), 교역하다, 주고받다(with).

excuse [ikskjúːz] *vt.* 용서하다, 참아주다, 변명하다, 면제하다, 해제하다.

execute [éksəkjùːt] *vt.* 실행하다, 수행하다, 완수하다, 사형을 집행하다, 困(법률·판결 등을) 실시하다, 집행하다, (증서·계약서 등을) 작성하다.

executive [igzékjutiv] *a.* 실행(수행·집행)의, 행정적인, 집행력이 있는, 관리직의; *n.* 행정관, 圉(the E~) 행정장관, (the ~) 행정부

exemption [igzémpʃən] *n.* (의무의) 면제

exercise [éksərsàiz] *n.* 운동, 연습, 실습, (정신력 등의) 사용, (능력의) 행사, 집행; *vt.* 운동시키다, 훈련하다, (권력·위력 등을) 발휘하다, 행사하다, (많은 일을) 다하다.

existence [igzístəns] *n.* 존재, 현존, 생활

expansion [ikspǽnʃən] *n.* 확장, 확대, 팽창, 신장, 囗(비유) 발전, 圖 거래의 확장

expeditionary [èkspədíʃənəri] *a.* 원정의

expenditure [ikspéndiʧər] *n.* 지출, 출비, 경비, 소비

experience [ikspíəriəns] *vt.* 경험하다, 체험하다.: *n.* 경험, 체험

experienced [ikspíəriənst] *a.* 경험을 가진, 노련한

explain [ikspléin] *vt.* 설명하다, 해명하다, 변명하다.

exploration [èkspləréiʃən] *n.* 답사, 탐험, 탐구, 진찰

explore [ikspló͏ːr] *vt.* 탐험하다, 조사하다(examine).

exposed [ikspóuzd] *a.* 드러난, 노출된

express [iksprés] *a.* 명시된, 명백한, 명확한, 뚜렷한, 圉지급 운송편의, 급행의, 특별히 마련된; *n.* 급사(急使), 급행열차; *ad.* 특별히, 지급편으로, 속달로, 급행열차로; *vt.* (감정 등을) 표현(표시·표현)하다, (숫자·기호 등으로) 나타내다, 상징하다, 圉지급편으로 부치다, 속달로 부치다, 《보통 수동형》 (유전자를) 표현(발현)시키다, (즙·공기를) 짜내다, (냄새 등을) 풍기다.

expression [ikspréʃən] *n.* 표현, 표정

extend [iksténd] *vt.* 늘이다, 연장하다, (손·발 등을) 뻗치다, 내밀다, 넓히다, 확장하다, (은혜·친절 등을) 베풀다.

extensive [iksténsiv] *a.* 광대한, 넓은, 대규모의

extent [ikstént] *n.* 넓이, 범위, 정도, 한도

extra [ékstrə] *a.* 여분의, 임시의, 특별한; *n.* 가외의 것,

할증금, 호외, 과외 강의, 엑스트라; *ad.* 특별히

extraordinary [ikstrɔ́ːdənəri] *a.* 이상한, 범상한, 비범한, 보통이 아닌, 특별한, 색다른, 임시의, 괴상한

extreme [ikstríːm] *n.* 맨 끝에 있는 것, 극단

extremist [ikstríːmist] *n.* 극단(과격)론자, 극단적인 사람; *a.* 과격론자의

F

face [feis] *n.* 얼굴, 표정, 안색, 액면, 외관; *vt.* …에 향하다, 직면하다, 맞서다, 직시하다.

facet [fǽsit] *n.* 한 면, (사물의) 면·상, 圉홑눈, 낱눈; *vt.* 깎아서 작은 면을 내다.

facing [féisiŋ] *n.* 면함, 향함, 겉단장, 외장, 깃 달기, 착색, (*pl.*)圉 방향전환

fact [fǽkt] *n.* 사실, (실제의) 일, (이론·의견·상상 등에 대하여) 실제, 현상, 진상

fade [feid] *vi.* 바래다, 시들다, 퇴색하다(away).

fail [feil] *vi.* 실패하다, 낙제하다, 게을리 하다, 부족하다, 모자라다, 약해지다.; *n.* 낙제, 실패, 증권 양도 불이행

failure [féiljər] *n.* 실패, 실수, 태만, 불이행, 부족, 불충분, 감퇴, 쇠퇴, 고장, 정지, 파괴, 낙제

fair [fɛər] ¹*a.* 공정한, 규칙에 어긋나지 않는, 상당한, 살결이 흰, 무던한, 맑게 갠, 아름다운, 정중한, 깨끗한, 가망이 있는, 困인정이 많은, 친절한; *n.* 여성, 困미인, 애인, 좋은 물건, 행운; *vt.* (문서를) 정서하다, 반반하게 하다.; ²*n.* 박람회, 전시회, 圉품평회

faithful [féiθfəl] *a.* 성실(충실·정확)한, 정숙한, 신의가 두터운, 신뢰할 만한

faithfully [féiθfəli] *ad.* 충실히, 정확하게, 성실하게, 정숙하게 †deal ~ with: …을 성실히 다루다, …을 엄하게 다루다.

fall [fɔːl] *v.* 떨어지다, (눈·비가) 내리다, (온도 등이) 내려가다, (토지 등이) 내려가다, (부상하여) 쓰러지다, 넘어지다, (건물 등이) 무너지다, (요새 등이) 함락되다, (품위·물가 등이) 하락하다, 나빠지다, (유혹 등에) 넘어가다, (다른 사람의 손에) 넘어가다, (동물의 새끼 등이) 태어나다.; *n.* 가을

falling [fɔ́ːliŋ] *n.* 낙하, 추락, 전도, 함락, 붕괴, 타락

false [fɔːls] *a.* 잘못된, 그릇된, 거짓의

falsity [fɔ́ːlsəti] *n.* 사실에 어긋남, 허위, 거짓말, 배반

familiar [fəmíljər] *a.* 익숙한, 통속적인, 잘 알고 있는, 정통한, 친한, 격식을 차리지 않는, 빤빤스러운

famine [fǽmin] *n.* 식량 부족, 기근, 굶주림, 고갈, 결핍

fancied [fǽnsid] *a.* 상상의, 공상의, 마음에 든

fantastic [fæntǽstik] *a.* 공상적인, 환상적인, 기이한, 엄청난, 믿기 어려운

farewell [fɛərwél] *n.* 작별의 인사, 작별; *int.* 안녕!,

잘 가거라 ; *a.* 작별의, 고별의 ; *vt.* 작별 인사를 하다.

favor [féivər] *vt.* …에게 유리하다, 베풀다, 호의를 보이다, 주다, 편애하다. ; *n.* 호의, 친절, 은혜, 은전, 편애

fear [fiər] *n.* 공포, 두려움, 근심, 불안, 걱정 ; *vt.* 무서워하다, 두려워하다, 걱정하다, 근심하다, 망설이다, 머뭇거리다.

fearsome [fiərsəm] *a.* 무시무시한, 겁내는

feature [fiːʃər] *n.* 얼굴의 생김새, 지세, 지형, 특징, 특색, 인기 프로, 특집 기사

fed [fed] ¹*v.* **feed**의 과거, 과거분사 ; *a.* (가축이 시장용으로) 비육된, …에 진저리 난(*with*) ; ²*n.* (종종 F~) 연방정부의 관리, 연방수사관, 연방정부

federation [fèdəréiʃən] *n.* 연합, 동맹, 연방 정부

feeble [fiːbl] *a.* 연약한, 허약한, 희미한, 저능한

feed [fiːd] *vi.* 먹이를 먹다, …을 먹이로 하다.

fell [fel] *v.* **fall**의 p., p.p.

fiendish [fiːndiʃ] *a.* 악마 같은, 극악한, 교묘한, 몹시 불쾌한, 매우 어려운

fierce [fiərs] *a.* 맹렬한, 격렬한, 지독한, 흉포한, 사나운

fighting [fáitiŋ] *a.* 싸우는, 호전적인, 투지있는, 전투의, 교전중인 ; *n.* 싸움, 전투

figure [fígə] *n.* 숫자, 계산, 형태, 형상, 인물상, 풍모, 풍채, 그림 ; *vt.* 숫자로 나타내다, 계산하다, 판단하다, 상상하다, 도형으로 나타내다. †~ **out** : 계산해서 합계를 내다, 이해하다, 해결하다.

figured [fígəd] *a.* 무늬가 있는, 그림으로 표시한

filibuster [fíləbÀstər] *n.* 圉의사 진행 방해, 불법 침입자, 해적 ; *vi.* 의사진행을 방해하다, 침입하다.

final [fáinəl] *a.* 마지막(최후)의, 결국의, 결정적인, 궁극적인, 文法목적을 나타내는 ; *n.* 결승, 파이널, 최종시험

finalize [fáinəlàiz] *vt.* (계획 등을) 완성하다, 끝내다, …에 결말을 짓다.

finance [fáinæns] *n.* (특히 공적인) 재정, 재무, (*pl.*) 재력, 세입 ; *vt.* …에 돈을 융통하다, 융자하다, 자금을 조달(공급)하다 ; *vi.* 재정을 처리하다, 자금을 조달하다.

financial [fainénʃəl] *a.* 재정(상)의, 재무의, 금융(상)의

fingernail [fíŋgərnèil] *n.* 손톱

firmly [fóːrmli] *ad.* 굳게, 견고하게, 단단하게

firsthand [fəːrsthǽnd] *ad.* 직접, 바로

flag [flæg] ¹*n.* 기, 털이 북실북실한 꼬리 ; *vt.* 신호로 정지시키다, 기로 신호하다. ; ²*n.* 붓꽃의 무리 ; ³*vi.* 축 늘어지다, 시들다, (기력 등이) 떨어지다. ; ⁴*n.* 까는 돌, 포석 (*pl.*) 포석 도로

flamboyant [flæmbɔ́iənt] *a.* 불꽃 모양의, 불타오르는 듯한, 화려한

flat [flæt] ¹*a.* 평평한, 얇은, 납작 엎드린, 균일한, 단조로운, 단호한, 맥빠진, 무미건조한, 기운 없는, 김빠진, 불황의 ; *n.* 평지, 평원, 개펄, 圈느림보, 얼간이, 美口바람

빠진 타이어 ; *ad.* 단호하게, 어김없이, 전적으로 ; *vi. vt.* 단조롭게 되다, 맥이 빠지다, 圈광채 없게 하다, 美반음 낮추다. ; ²*n.* 美플랫, 아파트(美apartment house), 圈(가옥의) 층, 바닥

flattery [flǽtəri] *n.* 아첨, 감언

flight [flait] *n.* 비행, 날기, 패주, 도주

flock [flɑk] *n.* 짐승의 떼, (특히) 양의 떼

flourish [fláːliʃ] *vt.* 번창하다, 융성하다, 활약하다, 멋부려 말하다, 과장해서 말하다.

flurry [flÁri] *n.* 질풍, 강풍, 돌풍, 혼란, 동요, 소공황

focus [fóukəs] *n.* 초점, 중심, (지진의) 진원

folk [fouk] *n.* 사람들(people : 복수취급을 하며, 미국의 구어에서는 ~s의 형식을 사용한다), (*pl.*) 가족, 친척, 양친, 圈국민, 민족

follow [fálou] *vt.* …의 다음에 오다, 따라가다, …을 거쳐 나아가다, (뒤를) 따르다, 좇다, 이해하다. ; *n.* 추종, 추구, 뒤따름

fond [fand] *a.* 좋아하는, 정다운, 다정한, 圈어리석은

fool [fuːl] *n.* 바보, 어리석은 사람 ; *vi.* 바보짓을 하다, 익살떨다, 장난치다, 농담하다. ; *vt.* 놀리다, 속이다, 우롱하다, (시간·돈 등을) 낭비하다.

football [fútbɔːl] *n.* 축구, 축구공

footbridge [fútbridʒ] *n.* 인도교, 육교

fora [fɔ́ːrə] *n.* **forum**의 복수

forbid [fərbíd] *vt.* 금지하다, 방해하다, 허락하지 않다.

forbidden [fərbídn] *v.* **forbid**의 과거분사 ; *a.* 금지된

force [fɔːs] *vt.* 강요하다, 억지로 시키다, 강제하다, 몰아대다, 강탈하다. ; *n.* 힘, 에너지, 폭력, 무력, 병력, (종종 *pl.*) 군대, 부대, 단체, 세력, 정신적인 힘, 기력, 효과, 효력, (사회적) 권력, 세력 †**in** ~ : 圈유효하여, 시행 중인

forecast [fɔ́ːkɑ̀ːst] *vt.* 예상하다, 예보하다. ; *n.* 예상, 예보, 선견(지명)

foresee [fɔːsíː] *vt.* 예견하다, 미리 알아차리다.

forgetful [fərgétfəl] *a.* 잊기 쉬운, 건망증이 있는, 게을리 하기 쉬운, 圈망각시키는

forlorn [fərlɔ́ːn] *a.* 文語버림받은(forsaken), 내버려진, 고독한, 쓸쓸한, 비참한, 절망의(hopeless), 의지할 곳이 없는

formal [fɔ́ːməl] *a.* 형식적인, 표면적인, 의례적인, 모양의, 외형의, 정식의 ; *n.* 美정식 무도회, 야회복

formula [fɔ́ːmjulə] *n.* 판에 박은 말, 방식, 법칙, 처방법, 처리방안, 數공식

forthcoming [fɔ́ːθkʌ́miŋ] *a.* (대개 부정문에서) 준비되어, 기꺼이 도와주는

fortitude [fɔ́ːtətjùːd] *n.* 꿋꿋함, 불요불굴, 견인불발

fortress [fɔ́ːtris] *n.* 요새, 견고한 장소

fortunate [fɔ́ːtʃənət] *a.* 운이 좋은, 행운의

fortunately   ***goal***

fortunately [fɔ́:tʃənətli] *ad.* 다행히도, 운이 좋게도

forward [fɔ́:wərd] *ad.* 전방으로, 앞으로

foster [fɔ́:stər] *vt.* (수양 자식으로서) 기르다, 양육하다, 조성(촉진·육성)하다(promote).

foundation [faundéiʃən] *n.* 창설, 건설, 창건, 설립, 근거, 기초, 토대, 기본금, 재단, 협회, 몸매를 고르기 위한 속옷, 기초 화장품, 보강 재료

fracture [fræktʃər] *vt.* 부수다, 깨다, 무시하다.; *n.* 부서짐, 깨짐, 부러짐, 파쇄, 분열, 골절, 좌상

frame [freim] *n.* 뼈대, 체격, 여자의 몸매, 구조, 창틀, 기분, 심경, (야구의) 1이닝, 회; *vt.* 틀을 잡다, 짜 맞추다, 틀에 끼우다.

framework [fréimwə̀:rk] *n.* 틀 구조, 얼개, 하부구조, 뼈대, 골격, 구조, 구성

frank [fræŋk] *a.* 솔직한, 숨김이 없는

fraud [frɔ:d] *n.* 사기, 기만, 사기꾼, 부정수단, 부정품

frenzy [frénzi] *n.* 격분, 광포, 광란

frequent [frí:kwənt] *a.* 자주 일어나는, 빈번한, 상습적인, (맥박이) 빠른; *vt.* [frikwént, 미 + frí:kwənt] 자주 가다, …에 항상 모이다, …와 교제하다.

friendship [fréndʃip] *n.* 우정, 친선, 벗으로서의 사귐

frighten [fráitn] *vt.* 소스라쳐 놀라게 하다, 섬뜩하게 하다.; *vi.* 무서워하다, 놀라다.

frightened [fráitnd] *a.* 깜짝 놀란(by, at), 겁먹은

fright [frait] *n.* 공포, 경악, 도깨비 같은 사람

front [frʌnt] *n.* 최전선, 전선, 전방, 전면, 앞면, 프런트; *vi.* 향하다, 면하다, (대열이) 정면을 향하다.

fruitful [frú:tfəl] *a.* 열매를 많이 맺는, 다산의, 수확이 많은, 비옥한, 풍작을 가져오는

frustrate [frʌ́streit] *vt.* 좌절시키다, 실패시키다, …을 방해하다, …에게 좌절감을 일으키게 하다.

frustration [frʌstréiʃən] *n.* 낭패, 좌절, 실패, 차질

fulfill [fulfil] *vt.* 이행하다, 완수하다, 달성하다.

fulfillment [fulfilmənt] *n.* 실현, 실천, 수행, 달성, 성취, 이행

fume [fju:m] *n.* 연기, 김, 증기, 독기, 노기, 흥분; *vi.* 연기 나다, 약이 오르다. †be in a ~ : 노기 등등하다.

function [fʌ́ŋkʃən] *n.* 기능, 작용, 직능

fund [fʌnd] *n.* 자금, 자본

fundamental [fʌndəméntl] *a.* 기초의, 기본의, 중요한, 필수의 ; *n.* (pl.) 기본, 근본, 기초, 원리 圓 바탕음

fundamentally [fʌndəméntəli] *ad.* 근본적으로, 기초적으로

furthermore [fə́:rðərmɔ̀:] *ad.* 더욱이, 더구나, 게다가, 더군다나

fury [fjúəri] *n.* 격노, 격분, 격렬, 그·로·神 복수의 여신의 하나, 표독스런 계집

future [fjú:tʃər] *n.* 미래

fuzzy [fʌ́zi] *a.* 흐트러진, 고수머리 같은, 흐린, 희미한, 조금 취한, 잔털 모양의

gallant [gǽlənt] *a.* 용감한, 씩씩한, 화려한, 여성에게 친절한; *n.* 멋쟁이, 오입쟁이, 정부, 애인

garden [gá:dn] *n.* 뜰, 정원, 과수원, (종종 pl.) 유원지, 공원; *a.* 정원의, 흔히 있는, 풍치가 아름다운

gate [geit] *n.* [1]문, 출입문, 수문, 갑문, (공항의) 탑승구, 개찰구, 요금징수소, 차단기, 법정; [2]固시가, 거리, 方방법, 수단; (-연결형) 추문, 스캔들의 뜻

gather [gǽðər] *vt.* 모으다, 수확하다, 채집하다, 얻다, 수집하다, 추단(추측)하다.

general [dʒénərəl] *a.* 일반의, 총체적인, 잡다한, 대체적인, 부정의, 막연한; *n.* 대장, 장군, 장성, 군사령관

generality [dʒènərǽləti] *n.* 일반론, 보편성, 개략, 통치, 대부분, 과반수, 태반

generation [dʒènəréiʃən] *n.* 동시대의 사람들, 세대, 발생, 산출, 생식, 자손, 일족

generous [dʒénərəs] *a.* 아낌없이 주는, 후한, 관대한, 아량있는, 고결한, 풍부한, 많은, (토지 등이) 비옥한, 기름진, (빛깔 등이) 진한, (식사가) 푸짐한

Genoa [dʒénouə] *n.* 제노바

gesture [dʒéstʃər] *n.* 몸짓, 손짓, 얼굴의 표정, 기미, 눈치, 행위, 의사표시, 의례적인 언사

ghetto [gétóu] *n.* 유대인 강제 거주 지구, 美(소수 민족 특히 흑인이 모여 사는) 빈민가

ghost [goust] *n.* 유령, 원혼, 환영, 허깨비, 조금, 固영혼

gigantic [dʒaigǽntik] *a.* 거인같은, 거대한, 거창한

glade [gleid] *n.* 숲 속의 빈터, 美습지

glance [glæns] *n.* 힐끗 봄, 일견, 일별; *vt.* 힐끗 보다, 일별 하다, 대강 훑어 보다, 번뜩이다, (화살·총탄 등이) 빗나가다, 스치고 지나가다.

glimmer [glímər] *vi.* 희미하게 빛나다, 명멸하다, 깜박이다.; *n.* 희미한 빛, 어렴풋한 이해, (pl.) 눈, (자동차의) 헤드라이트

glimpse [glimps] *n.* 흘끗 봄, 일별(of), 固섬광, 어렴풋이 감지함; *vt. vi.* 흘끗 보다.

global [glóubəl] *a.* 구형의, 지구의, 세계적인, 전체적인

globe [gloub] *n.* 지구

glory [glɔ́:ri] *n.* 영광, 영예, 영화, 장관, 미관, 후광

gloss [glɔ:s] *n.* [1]광택, 윤, 허식, 겉치레; [2]어구 주석, 주해, 그럴듯한 해석, 꾸며대기

glow [glou] *n.* 백열, 작열, 불꽃없이 타는 빛, (몸의) 달아오름, (뺨의) 홍조; *vt.* 달아올라 빛나다, 빛을 내다, 시뻘겋게 되다.

goal [goul] *n.* 결승선, 목적지, 목적, 목표, 골

goalie [góuli] *n.* = goalkeeper
goalkeeper [góulkì:pər] *n.* ▨ 골키퍼
goodwill [gúdwíl] *n.* 호의, 친절
gosh [gɔʃ] *int.* (God의 완곡어) 이크, 아이고, 꼭
govern [gʌ́vərn] *vt.* 다스리다, 통치하다, 좌우하다, 제어하다, 지배하다.
governing [gʌ́vərniŋ] *a.* 통치하는, 관리하는
gracious [gréiʃəs] *a.* 품위있는, 정중한, 친절한
grade [greid] *n.* 학년, 성적, 평점, 등급, 계급, 등위, 정도, 기울기, 개량, 잡종, 직각의 100분의 1
gradually [grǽdʒuəli] *ad.* 차차, 차츰, 점차로
grandeur [grǽndʒər] *n.* 위대, 장려, 위엄, 권위, 웅장
granite [grǽnit] *n.* 화강암, 쑥돌
grant [grænt] *vt.* 승인하다, 허가하다, 인정하다, 시인하다, 주다, 수여하다. ; *n.* 허가, 인가, 보조금, 양도
grasp [græsp] *vt.* 붙잡다, 움켜잡다, 터득하다.
grassy [grǽsi] *a.* 풀이 우거진, 풀로 덮인
gratitude [grǽtətjù:d] *n.* 감사, 사의
grave [greiv] ¹*n.* 무덤, 묘(tomb), 파국, 종말 ; ²*a.* 중대한, 근엄한, 위엄있는, 엄숙한 ; ³*vt.* 조각하다, 새기다, 명심하다(in, on).
greatness [gréitnis] *n.* 큼, 광대함, 거대함, 대량, 위대, 탁월, 저명, 고귀, 활달, 웅대
greedy [grí:di] *a.* 대식하는, 폭식하는, 탐욕스러운, 게걸스러운, 갈망하는
greeting [grí:tiŋ] *n.* 인사, 경례, (pl.) 인사말
grey [grei] *n.* (= gray) 회색, 쥐색, 회색 군복
grievous [grí:vəs] *a.* 통탄할, 슬퍼해야 할, 슬픈, 쓰라린, 아픈
grin [grin] *vi.* (기뻐서, 만족하여) 이를 드러내고 히죽 (싱긋) 웃다, (아파서) 이를 악물다, (분노·멸시 등으로) 이를 드러내다.
gripe [graip] *vt.* 움켜쥐다, 붙잡다, 괴롭히다, 압박하다. ; *n.* 쥐기, 붙잡기, 속박, 고민, 불평, 고민의 원인, 손잡이, 자루, (the ~s) 回복통
grocery [gróusəri] *n.* 식료잡화점, 식품점
growl [graul] *vi.* 《의성어》 (개 등이 성이나) 으르렁거리다, (사람이) 딱딱거리다, 투덜거리다.
grumble [grʌ́mbl] *vi.* 《의성어》 투덜거리다, 불평하다, 낮게 으르렁거리다. ; *n.* 투덜댐, 불평
guarantee [gæ̀rəntí:] *n.* 보증(인), 담보, 보장, 개런티 ; *vt.* 보증하다(affirm), 다짐하다, 약속하다, 장담하다.
guard [ga:d] *vt.* 지키다, 수호(호위·보호)하다, 망보다, 감시(경계)하다. ; *n.* 경계, 감시, 망보기, 호위, 파수, 수위, 호위병, 방호물, 위험물 방지기, 圐교도관
guilty [gílti] *a.* …의 죄를 범한, 유죄의, (과실 등을) 저지른, 떳떳치 못한, 가책을 느끼는, 죄를 자각하는
gun [gʌn] *n.* 대포, 총, 권총, 분무기, 포수, 파이프, 圐

술잔, 도둑 ; *vi.* *vt.* 총으로 쏘다, 圐 스로틀을 열어 가속하다, 속력을 갑자기 내다.
gym [dʒim] *n.* 체육관, 체조, 체육

H

hail [heil] ¹*n.* 싸락눈, 우박 ; *vi.* 싸락눈이 내리다, 빗발치듯 오다. ; ²*int.* 만세 ; *vt.* 환호하며 맞이하다, 큰 소리로 부르다, 불러서 세우다.
hallowed [hǽloud] *a.* 신성화한, 신성한, 존경받는
halting [hɔ́:ltiŋ] *a.* 절뚝거리는, 불완전한, 더듬거리는
hamper [hǽmpər] ¹*vt.* 방해하다, 훼방놓다, 제한하다. ; *n.* 족쇄 ; ²*vt.* 광주리에 넣다. ; *n.* 광주리, 바구니, 그 속에 담은 식료품
handle [hǽndl] *vt.* 손을 대다, 취급하다. ; *n.* 손잡이, 핸들, 자루
handled [hǽndld] *a.* 자루가 달린, 핸들이 있는
handshake [hǽndʃèik] *n.* 악수
harbor [há:bər] *n.* 항구, 피난처, 은신처, 圖탱크 집합장 ; *vt.* 피난처를 제공하다, 품다. ; *vi.* 잠복하다.
hardship [há:dʃip] *n.* 곤란, 신고(辛苦), 결핍
harm [ha:m] *n.* 해, 손해, 해악
harmful [há:mfəl] *a.* 유해한
harsh [ha:ʃ] *a.* 거친, 깔깔한, 가혹한, 엄한, 잔인한, 무정한, 귀(눈)에 거슬리는
haunt [ha:nt] *vt.* 자주 가다, 무상 출입하다, (수동형) 출몰하다, (생각 등이) 늘 따라 다니다, 괴롭히다. ; *n.* 늘 드나드는 곳, (범인의) 소굴, 유령, 도깨비
hazard [hǽzərd] *n.* 위험, 모험, 우연, 운, 주사위 놀이의 일종, 圙프 장애구역
headway [hédwèi] *n.* 전진, 진보, 진척, 간격
health [helθ] *n.* 건강, 신체의 상태, 축배, 건배
heart [ha:t] *n.* 심장, 염통, 마음, 애정, 동정심, 용기
heartfelt [há:tfèlt] *a.* 진심에서 우러난
heaven [hévən] *n.* 하늘, 창공, 천국, (보통 H~) 신, 하느님
height [hait] *n.* 높음, 높이, 고도
heinous [héinəs] *a.* 가증한, 극악한
held [held] *v.* hold의 p., p.p.
hence [hens] *ad.* 그러므로, 지금부터, 이 세상에서
heritage [héritidʒ] *n.* 세습(상속), 재산, 유산
hermitage [hó:rmitidʒ] *n.* 운둔자의 집, 쓸쓸한 외딴집, (H~) 프랑스 Valence 부근 산지산의 포도주
heroin [hérouin] *n.* 헤로인(모르핀으로 만든 진정제)
hesitation [hèzətéiʃən] *n.* 주저, 망설임, 우물쭈물함 (in) †without~ : 주저하지 않고, 즉각, 단호히
high-born [hàibó:n] *a.* 고귀한 태생의
hill [hil] *n.* 언덕, 쌓아올린 흙더미, 고개

hillside [hílsàid] *n.* 산허리, 구릉의 사면(중턱)

hinge [hindʒ] *n.* 경첩, 관절, 중심점

hint [hint] *n.* 힌트, 암시, 요령, 지시, 기미, 기색, 조금; *vt.* 넌지시 말하다, 암시하다.

hive [haiv] *n.* 꿀벌통, 붐비는 곳, 북새통, 득실거리는 사람들; *vt.* 아늑하게 모여 살게 하다, 벌통에 저장하다.

hoarse [hɔːs] *a.* 목쉰, 귀에 거슬리는, 쉰 목소리의

hoax [houks] *vt.* 장난으로 속이다, 골탕먹이다.

hoist [hɔist] *vt.* ¹끌어올리다.; *n.* 감아 올리기, 게양; *vt.* ²hoise(들어올리다)의 과거, 과거분사

hold [hould] *vt.* (손에) 들다, 갖고 있다, 붙들다, 유지 (소유·보유)하다, 지탱하다, (마음에) 품다, 억누르다, 억제하다, (회의 등을) 개최하다.

homey [hóumi] *a.* 가정의, 가정다운, 마음 편한

honesty [ánisti] *n.* 정직, 성실, 정절

honey [háni] *n.* 벌꿀, 당밀, 귀여운 사람, 여보, 당신, 멋진, 최고급품; *vi.* 아양떨다.

honor [ánər] *n.* 명예, 영예, 신의, 신용, 경의, 존경, 훈장, 우승, 우등, 높은 지위, 고관; *vt.* 존경(공경)하다, 명예를 주다, 예우하다.

honorable [ánərəbl] *a.* 존경할 만한, 명예로운, 영광스러운, 고귀한, (H~) 각하, 님, 선생

honorably [ánərəbli] *ad.* 장하게, 훌륭히

hopeful [hóupfəl] *a.* 희망에 차 있는, 유망한, 장래가 촉망되는; *n.* 유망한 사람, 입후보자, 지원자

hopefully [hóupfəli] *ad.* 희망을 가지고, 圏잘만 되면

horror [hɔ́ːrər] *n.* 공포, 전율, 소름끼칠 듯이 싫은 것 (사람), 오싹하는 기분, 우울

hospitality [hàspətǽləti] *n.* 환대, 후대

hostage [hóstidʒ] *n.* 볼모, 인질, 담보물, 저당 †hold (take) a person~ : …을 인질(볼모)로 잡아놓다.

hostility [hɑstíləti] *n.* 적대행위, 적의, 반항, 적개심, (*pl.*) 전쟁 행위, 교전(상태), (생각 등에 대한) 반대

hound [haund] *n.* 사냥개, (특히) 폭스하운드, 놀이

huge [hjuːdʒ] *a.* 거대한, 막대한, 무한한

humanitarian [juːmænətéəriən] *a.* 인도주의의, 인간애의; *n.* 인도주의자, 박애가

humanity [hjuːmǽnəti] *n.* 인간성, 인류, 인간애, 자비

humility [hjuːmíləti] *n.* 겸손, 비하, (*pl.*) 겸손한 행위

hunger [háŋgər] *n.* 굶주림, 기아, 기근, 갈망, 열망

hungry [háŋgri] *a.* 배고픈, 주린

hurdle [hə́ːrdl] *n.* 장애물, 허들, 장애, 곤란

hurt [həːrt] *n.* 상처, 아픔, 손해; *vt.* 다치게 하다, 상처를 주다.

husband [házbənd] *n.* 남편, 固절약가; *vt.* 절약하다.

hymn [him] *n.* (교회의) 찬송가, 찬미가, 성가, 노래

hypocrite [hípəkrit] *n.* 위선자

hysterical [histérikəl] *a.* 히스테리성의, 병적으로 인정

한, 이성을 잃은, 固매우 우스꽝스러운

I

ideal [aidíːəl] *a.* 이상적인, 더할 나위 없는; *n.* 이상, 전형, 극치, 숭고한 목표, 가공의 것, 공상

ideological [àidiəládʒikəl] *a.* 이데올로기의, 관념학의

illiteracy [illítərəsi] *n.* 문맹, 무식

illuminate [ilúːmənèit] *vt.* 조명하다, 비추다, 조명장식을 달다, 계몽하다, 광명을 던지다.; *vi.* 밝아지다.

imagination [imædʒənéiʃən] *n.* 상상(력), (작가 등의) 창조력, 공상, 망상, 심상

imagine [imǽdʒin] *vt.* 상상하다, 생각하다(suppose).

imitation [imətéiʃən] *n.* 모방, 모조, 모조품, 가짜

immediately [imíːdiətli] *ad.* 즉시, 곧, 즉각, 직접(으로); *conj.* …하자마자

immigrant [ímigrənt] *n.* 이민, 이주자

implement [ímpləmənt] *n.* 도구, 용구, 기구; *vt.* [-mènt] …에게 도구(수단)을 주다, …에게 필요한 수단(권한)을 주다, 약속(계획·계약 등을) 이행하다, 실행(실시)하다.

implication [ìmplikéiʃən] *n.* 연루, 밀접한 관계, 포함, 함축, 내포하고 있는 것, 언외의 의미

impose [impóuz] *vt.* (의무·세금·벌금 등을) 지우다, 부과하다, (의견 등을) 강제하다. †impose on : 위압하다, 악용하다, 사취(기만)하다.

impressive [imprésiv] *a.* 강한 인상을 주는, 인상적인

imprison [imprízən] *vt.* 교도소에 넣다, 수감하다, 투옥하다, 감금하다, 수용하다.

improve [imprúːv] *vt.* 개선하다, 진보시키다, 이용하다, 가치를 높이다.; *vi.* 나아지다, 호전하다, 회복되다.

improvement [imprúːvmənt] *n.* 개량, 개선, 향상, 개수, 이용, 활용

impulse [ímpʌls] *n.* 추진력, 충격, 충동

inadequate [inǽdikwət] *a.* 부적절한, 부적당한, 불충분한, 부족한

inalienable [inéiljənəbl] *a.* (권리 등이) 양도할 수 없는, 빼앗을 수 없는

inaudible [inɔ́ːdəbl] *a.* 알아들을 수 없는, 들리지 않는

inaugural [inɔ́ːgjurəl] *a.* 취임(식)의, 개시의

inauguration [inɔ̀ːgjuréiʃən] *n.* 취임(식), 개업

incident [ínsədənt] *n.* 일어난 일, 분쟁, 사건, 사변; *a.* 일어나기 쉬운, 흔히 있는, 固부수적인

including [inklúːdiŋ] *prep.* …을 포함하여, …을 넣어서, …함께

inconsistent [ìnkənsístənt] *a.* 일치하지 않은, 모순된, 조화되지 않는, 변덕스러운, 절조 없는

increasingly [inkríːsiŋli] *ad.* 점점, 더욱 더

incredible   *invasion*

incredible [inkrédəbl] a. 믿어지지 않는, 신용할 수 없는, ⓤ놀라운, 굉장한

incredibly [inkrédəbli] ad. 믿을 수 없을 만큼, 대단히

indeed [indíːd] ad. 참으로, 실제로

indicate [índikèit] vt. 가리키다, 지적하다, 나타내다, 표시하다, 간단히 말하다, …의 징조를 나타내다.

indication [indikéiʃən] n. 지시, 암시, 징후(of), 필요한 조치, 시도, 표시 도수

indispensable [ìndispénsəbl] a. 없어서는 안 되는, 필요 불가결한

individual [ìndəvídʒuəl] n. 개인, 사람, 개체 ; a. 개개의, 개인의, 독특한

individually [ìndəvídʒuəli] ad. 개별적으로, 개인적으로, 하나하나, 낱낱이, 개성을 발휘하여

inertia [inə́ːrʃiə] n. 관성, 타성, 불활발, 무력, 완만

inescapably [iniskéipəbli] ad. 불가피하게, 할 수 없이, 면할 수 없는

inevitable [inévətəbl] a. 피할 수 없는, 당연한, 부득이한, 필연적인, (one's ~, the ~) 변함 없는, 어김없는

infamy [ínfəmi] a. 불명예, 악명, 오명, (종종 pl.) 추행, 비행, 圏(파렴치죄에 의한) 공민권 상실

inferior [infíəriər] a. 하위의, 열등한, 저급한

inflation [infléiʃən] n. 팽창, 인플레이션, 통화팽창, 자만심, 과장

inflict [inflíkt] vt. (구타·상처 등을) 가하다, 입히다, 과하다, 괴롭히다(on, upon).

information [ìnfərméiʃən] n. 통지, 정보, 통보, 지식, 견문, 접수처 圏 범죄신고, 고발, 고소

infrastructure [ínfrəstrλktʃər] n. 하부조직(구조), 기본적 시설

inheritance [inhérətəns] n. 圏상속, 유산

initial [iníʃəl] a. 처음의, 최초의 ; n. 머리글자, 첫 글자

initiative [iníʃətiv] n. 시작, 솔선, 선창, 독창력, 圏의안제출권, 발의권, 圖선제, 기선

injustice [indʒλstis] n. 불법(행위), 부정, 불공평, 불의, 圏권리침해

innocent [ínəsənt] a. 때묻지 않은, 흠 없는, 결백한, 순진한, 천진난만한, 무해의, ⓤ…이 없는

inscribe [inskráib] vt. 새기다, 파다, 헌정하다, 명심하다, 등록하다.

inseparable [insépərəbl] a. 분리할 수 없는, 나눌 수 없는, 떨어질 수 없는(from)

insight [ínsait] n. 통찰력, 견식, 식견

insist [insíst] vi. vt. 주장하다, 역설하다, 우기다, 강요하다, 고집하다.

inspection [inspékʃən] n. 정밀 검사, 점검, (서류의) 열람, (공식·정식) 시찰, 사찰, 검열

inspector [inspéktər] n. 검사자, 조사자, 장학사, 경위

inspired [inspáiərd] a. 영감을 받은, 영감으로 쓰여진, 사실에 기인하지 않는, 숨을 들이마신

instance [ínstəns] n. 보기, 실례, 경우, (sing) 의뢰, 부탁, 권유, 제의, 소송(절차)

instantly [ínstəntli] ad. 즉시로, 즉석에서

instead [instéd] ad. 그 대신에, 그 보다도

instinct [ínstiŋkt] n. 본능, (종종 pl.) 직관, 직감

institution [ìnstətjúːʃən] n. 설립, 창립, 제정, 설정, 학회, 협회, 제도, 법령, 관례, 공공시설(기관)

instrumental [ìnstrəméntl] a. 수단이 되는, 도움이 되는, 기계의, 악기의, 文法조격의

insufficient [ìnsəfíʃənt] a. 불충분한, 부족한, 부적당한

insurance [inʃúərəns] n. 보험(계약), 보험금, 보험증서, 보증, 대비, 보호

integral [íntigrəl] a. 완전한, 결여된 부분이 없는, 없어서는 안 될, 절대 필요한, 圏적분의 ; n. 전체

integrate [íntəgrèit] vt. (부분·요소를) 전체로 합치다, 통합하다, 완전하게 하다.

integration [ìntəgréiʃən] n. 통합, 완성, 완전, 융합

integrity [intégrəti] n. 고결, 성실, 완전

intellect [íntəlèkt] n. 지력, 지성

intellectual [ìntəléktʃuəl] a. 지적인, 이지적인 ; n. 지식인, 식자

intelligence [intéləʤəns] n. 지능, 지성, 정보, 지혜

intend [inténd] vt. …할 작정이다, 하려고 생각하다, 의도하다, 고의로 하다, 의미하다.

intended [inténdid] a. 의도된, 계획된, 고의의, ⓤ약혼한 ; n. ⓤ약혼자

intense [inténs] a. 강한, 강렬한, 긴장된, 열정적인

interdict [ìntərdíkt] vt. 금지하다, 막다, 방해하다.

interest [íntrist] n. 흥미, 관심, 재미, 취미, 중요성, 이해관계, (pl.) 이익

interim [íntərim] n. 한동안, 잠시, 잠정 조치, (the I~) 圏잠정 협정

internally [intə́ːrnəli] ad. 내부로, 심적으로, 국내에서

intertwine [ìntərtwáin] vt. 서로 얽히게 하다, 서로 엮다, 얽어 짜다.

intervene [ìntərvíːn] vi. 사이에 끼어 들다(일어나다), 개재하다, (어떤 일이) 방해하다, 중재(간섭·개입)하다, 圏(소송에) 참가하다.

intimidate [intímədèit] vt. 협박하다, 위협하여 …을 시키다.

intoxicate [intɔ́ksəkèit] vt. 취하게 하다, 흥분시키다.

introduce [ìntrədjúːs] vt. 들여오다, 도입하다, 처음으로 수입하다, 소개하다, 삽입하다, 선도하다, 안내하다.

intrusive [intrúːsiv] a. 침입하는, 방해하는, 주제넘게 참견하는, ⓤ(비어원적으로) 끼어 든, 강입적인

invasion [invéiʒən] n. 침입, 침략, 침해

investigate [invéstəgèit] *vt.* 조사하다, 연구하다.
investigation [invèstəgéiʃən] *n.* 조사, 연구, 수사
investment [invéstmənt] *n.* 투자, 출자
investor [invéstər] *n.* 투자자, 수여자
invitation [ìnvətéiʃən] *n.* 초대, 초청
invite [inváit] *vt.* 초청하다, 부탁하다.
involve [inválv] *vt.* 포함하다, 수반하다, 말려들게 하다, 열중시키다, 감다, 영향을 미치다, 복잡하게 하다.
involved [inválvd] *a.* 복잡한, 뒤얽힌, 열중하는, 말려든, 곤란한
involvement [inválvmənt] *n.* 말려듦, 연루, 관련, 포함, 난처, 어려움, (재정) 곤란
irresponsible [ìrispánsəbl] *a.* 책임을 지지 않는, 책임감이 없는, 무책임한
islamic [islá:mik] *a.* 이슬람교의
island [áilənd] *n.* 섬, 안전지대 ; *vt.* 고립시키다.
isolate [áisəlèit] *vt.* 고립시키다, 격리시키다.
isolation [àisəléiʃən] *n.* 격리, 분리, 고립, 고독, 교통 차단, ⑪ ~ist : *n.* 고립주의자
issue [iʃu:] *n.* 발행물, 유출, 결과, 논쟁, 문제(점) ; *vi.* 나오다, 유출하다, 유래하다.

J

jail [dʒeil] *n.* 감옥, 교도소, 구치소, 구류, 감금, 구치
jeopardize [dʒépərdàiz] *vt.* 위태롭게 하다.
jet [dʒet] ¹*n.* 분사, 분출, 사출 ; *a.* 제트식의 ; *vt.* 내뿜다, 분출하다. ; ²*n.* 흑옥색, 칠흑
join [dʒɔin] *vt.* 결합하다, 연결하다, 참가하다, 입대하다, 합치다, 합류하다, 인접하다, 교전하다.
journalist [dʒɚ:məlist] *n.* 저널리스트, 보도관계자, 언론인, 신문·방송·잡지 기자
joy [dʒɔi] *n.* 기쁨, 즐거움, 환희
judge [dʒʌdʒ] *vt.* 재판하다, 심리(심판·재결)하다, …라고 판단(비판·비난·판정·심사·감정)하다, 생각하다. ; *n.* 재판관, 법관, 판사, 심판(관), 감정가
judicial [dʒu:díʃəl] *a.* 사법의, 재판의, 판단력 있는, 공정한, 공평한, 천벌의
juncture [dʒʌ́ŋktʃər] *n.* 접속, 연결, 시점, 시기, 중대한 시점, 위기 †at this~ : 이 중대한 때에
jurisdiction [dʒùərisdíkʃən] *n.* 사법(재판)권, 관할, 권한, 지배(권) 관할구
justice [dʒʌ́stis] *n.* 정의, 공정, 정당, 타당, 응보, 처벌, 사법(관), 재판(관)
justification [dʒʌ̀stəfikéiʃən] *n.* 정당화, 변명, 변명의 사유, 의롭다함을 인정받음, 자리 맞춤
juvenile [dʒú:vənàil] *a.* 소년(소녀)의, 젊은, 아이다운 ; *n.* 소년 소녀, 어린이 역

K

keen [ki:n] *a.* 날카로운, 예리한, 신랄한, 예민한, 강렬한, 열심인, 열망하는, 훌륭한, 멋진
kick [kik] *vt.* 차다, 걷어차다, 속도를 갑자기 올리다, 美 비평하다, 깎아 내리다, 蹴 공을 골대에 차 넣다.
kickoff [kíkɔ:f] *n.* 蹴 킥오프, 시작, 개시
kingdom [kíŋdəm] *n.* 왕국, 영역
kinsman [kínzmən] *n.* 固 일가(친척)의 남자, 동족인 사람
kite [kait] *n.* 솔개, 욕심쟁이, 연
kneel [ni:l] *vt.* 무릎을 꿇다.
knockout [nɔ́kàut] *n.* 녹아웃, 철저한 타격, 압도적인 것 ; *a.* (타격이) 맹렬한, 광장한, 훌륭한, 競賣 헐값에 낙찰시키는, 競 토너먼트의
knowing [nóuiŋ] *n.* 앎, 지식 ; *a.* 사물을 아는, 영리한, 빈틈없는, 고의적인
knowledge [nálidʒ] *n.* 지식, 인식, 이해, 학문, 견문, 학식, 숙지, 정통, 경험(*of*)

L

label [léibəl] *n.* 꼬리표, 라벨, 상표, 우표, 표어, 표지 ; *vt.* 라벨을 붙이다, …에 명칭을 붙이다, 분류하다.
labor [léibər] *n.* 노동, 근로, 수고, 노고, 노력, (종종 L~) 집합적) (자본가·기업가에 대하여) 노동자, 진통
lack [læk] *vt.* …이 없다, 결핍되다, …을 필요로 하다. ; *n.* 결핍, 부족, 결여
lake [leik] ¹*n.* 호수, 샘물 ; ²진홍색
lamentable [lǽməntəbl] *a.* 슬픈, 유감스러운, 한탄스러운, 固 구슬픈, 초라한, 빈약한
landmark [lǽndmɑ̀:k] *n.* 경계표, 육표, 현저한 사건, 역사적 건조물
languish [lǽŋgwiʃ] *vt.* 나른해지다, 약해지다, 못내 그리워하다, 동경하다, 시들다, 풀이 죽다, (역경 등에서) 괴로워하다, 괴로운 생활을 하다, 번민하다.
lapse [læps] *n.* 착오, 실수, 상실, 쇠퇴, (일시적) 과오, 타락(*into*), 경과, 추이, 固 소멸, 감소, 하락 ; *vi.* 타락하다, 실수하다, 어느덧 흐르다, 固 남에게 넘어가다, 소멸하다, (임기가) 끝나다.
laugh [lɑ:f] *vi.* 웃다, 재미있어 (만족스러워) 하다.
laughing [lǽfiŋ] *a.* 웃는, 명랑한, 즐거운 듯한, 우스운 ; *n.* 웃음
launch [lɑ:ntʃ] *vt.* (신조선(新造船) 등을) 진수시키다, 물에 띄우다, (기업·계획 등에) 착수하다, 일으키다, (신제품 등을) 발매하다, (화살·창 등을) 쏘다, (로케트 등을) 발사하다, (공격 등을) 개시하다.
launcher [lá:ntʃər] *n.* 軍 발사통, 발사기

lawful   **massive**

lawful [lɔ́:fəl] *a.* 합법(적법)의, 정당한, 준법의, 법률상 유효한, 법정의

leadership [lí:dərʃip] *n.* 지도자의 지위(임무), 지도(권력), 통솔력, 《집합적》 지도자들, 지도층, 수뇌부

leap [li:p] *vi.* 껑충 뛰다, 뛰어오르다, 휙 달리다, (갑자기 …으로) 되다(변하다). †~to one's feet: 후닥닥 일어서다.

leftover [leftòuvər] *a.* 나머지의, 남은; *n.* 나머지

legal [lí:gəl] *a.* 법률(상)의, 합법의, 법률이 요구하는

legend [lédʒnd] *n.* 전설, 전설 문학, 위인전, 범례

legislative [lédʒisleitiv] *a.* 입법상의, 법률을 제정하는, 입법부의, 입법권을 가진; *n.* 입법부

legitimate [lidʒítimit] *a.* 합법적인, 적법의, 정당한, 본격적인, 이치에 맞는, 합리적인, 본격적인, 정통의, 적출의; *vt.* [lidʒítimèit] 합법으로 인정하다, 합법(정당)화하다, (서자를) 적출로 인정하다.

leisure [léʒər] *n.* 자유시간, 틈, 여가, 안일; *a.* 한가한, 여가가 있는, 볼일이 없는

length [leŋkθ] *n.* 길이, 키, 기간, 부분, 범위, 정도

liable [láiəbl] *a.* 책임져야 할, 책임 있는, 자칫하면 …하는, (…할) 듯한, 것 같은

liaison [lí:əzùn] *n.* 연락, 접촉, 밀통, 연음

liar [láiər] *n.* 거짓말쟁이

liberal [líbərəl] *a.* 관대한, 자유로운, 너그러운, 國자유주의의, 回대충 말하여, 대충의, 많은, 풍부한, 일반 교양의; *n.* 편견없는 사람, 자유주의자, (L~) 자유당원

liberalization [lìbərəlizéʃən] *n.* 자유화

liberalize [líbərəlàiz] *vt.* 자유화하다, …의 제약을 풀다, 관대하게 하다.

liberate [líbərèit] *vt.* 자유롭게 만들다, 해방하다, 작용시키다, 훔치다, 약탈하다.

liberation [lìbəréiʃən] *n.* 해방, 석방

liberty [líbərti] *n.* 자유, 해방, 석방, 임의, 권리, 멋대로 함, 자유 구역, 특권

lifetime [láiftàim] *n.* 일생, 수명; *a.* 일생의

likeness [láiknis] *n.* 비슷함, 유사, 화상, 사진, 흡사한 사람(물건), 외관, 탈, 가장

lilac [láilək] *n.* 라일락, 자정향, 엷은 자색

limit [límit] *vt.* 한정하다, 제한하다.

limitation [lìmətéiʃən] *n.* 제한, 한정, 제한, 困출소기한 †the statute of limitations: 소송시효

linchpin [líntʃpìn] *n.* 굴대 끝의 쐐기, (결합에) 요긴한 것, (부재의) 사북

lining [láiniŋ] *n.* 안감, 안(감)대기, 알맹이, 내용물, 내면, (pl.) 英万속옷

linnet [línit] *n.* 홍방울새

literate [lítərət] *a.* 교양 있는, 박식한, 글을 읽고 쓸 줄 아는; *n.* 유식한 사람, 학자

local [lóukəl] *a.* 공간의, 장소의, 지방의, 좁은 지역에 한정되는, 편협한, 醫국소의, 국부의; 역마다 정거하는, 보통의, 각 층마다 서는; *n.* 보통(완행) 열차(버스), 지방 사람, 그 고장 사람, (신문의) 시내 잡보, 지방 기사, 지부, (흔히 pl.) 그 고장 구단(팀)

loud [laud] *a.* 목소리가 큰, 시끄러운, 귀찮게 구는, 뻔뻔스러운, 야비한, 回야한, 화려한, 美구린, 지독한

lure [luər] *n.* 매혹물, 매력, 가짜 미끼

M

machine [məʃí:n] *n.* 기계, 재봉틀, 자전거, 기관, 기계적 인간, 지배 세력, 도당

machinery [məʃí:nəri] *n.* 기계류, 기계장치, (사회·정치 등의) 조직, 기구, 기관

mad [mæd] *a.* 미친, 열광한, 몹시 흥분한, 공수병에 걸린

magnificence [mægnífəsns] *n.* 장엄, 장려, 훌륭함

magnificent [mægnífəsnt] *a.* 장엄한, 장대한, 훌륭한, 굉장히 좋은, 격조 높은, 숭고한, 멋진

magnitude [mǽgnətjù:d] *n.* 크기, 중대(요)함, 위대함

maiden [méidn] *n.* 文語소녀, 처녀

mail [meil] *n.* 우편, 우편물

maintain [meintéin] *vt.* 지속하다, 유지하다, 부양하다, 먹여 살리다, 주장하다, 단언하다, 내세우다.

maintenance [méintənəns] *n.* 지속, 유지, 보존, 보수, 주장, 고집, 부양, 생계 困불법원조

major [méidʒər] *a.* 큰 쪽의, 대다수의, 주요한, 일류의, 성년이 된, 주전공의, 美장음계의, 장조의

majority [mədʒɔ́:rəti] *n.* 대부분, 대다수

malevolence [məlévələns] *n.* 악의, 적의, 증오

malnourished [mælnə́:riʃt] *a.* 영양부족의

manage [mǽnidʒ] *vt.* 잘 다루다, 조종하다, 취급하다, 처리하다, 이럭저럭 …해내다, 해치우다.

mandatory [mǽndətɔ̀:ri] *a.* 명령의, 위임된, 강제의

manifest [mǽnəfèst] *a.* 명백한, 분명한, 일목 요연한; *vt.* 명백하게 하다, 증명하다, 명시하다. ; *n.* 승객명단, 商(선박·항공기의) 적하목록

mankind [mænkáind] *n.* 인류

manufacturer [mæ̀njufǽktʃərər] *n.* 제조업자, 공장주

marble [má:bl] *n.* 대리석, 구슬

march [ma:tʃ] *vt.* 행진(행군)하다, 진군(진격)하다. ; *n.* 행진, 행군, 고된 여정

marginal [má:dʒinəl] *a.* 변두리의, 주변적인, 한계의

marketplace [má:kitplèis] *n.* 시장, 장터, (the~) (지적 활동의) 경쟁의 장, 경제계

marvelous [má:vələs] *a.* 놀라운, 신기한, 믿기 어려운, 기묘한, 回훌륭한

massive [mǽsiv] *a.* 크고 무거운, 육중한, 굳센, 당당한,

대규모의, 중압감이 있는 医 (병이) 조직에 광범위하게
미치는

master [mǽstər] *n.* 주인, 지배자, 소유자, 고용주, 임
자, 교장, 지도자, 회장, (M~) 석사(학위), 명인, 거장,
(the~) 주 예수 그리스도, 승리자, 정복자; *vt.* 지배하
다, 정복하다, 숙달하다, 억제하다. ; *a.* 주인의, 지배자
의, 명인의, 숙달한, 뛰어난

masterpiece [mǽstərpìːs] *n.* 걸작, 명작, 대표작

match [mætʃ] ¹*n.* 성냥; ²*n.* 짝, 시합, 경기, 결혼; *vt.*
…에 필적하다, 조화하다, 어울리다, 배합하다.

material [mətíəriəl] *a.* 물질적인, 물질의, 구체적인; *n.*
재료, 원료, (*pl.*) 용구, 도구, 제재, 자료, 물자

materialism [mətíəriəlìzm] *n.* 물질주의, 실리주의, 图
유물주의, 유물론, 美실물주의, 函이기주의

matter [mǽtər] *vi.* (주로 의문·부정·조건문에서) 문제
가 되다, 중요하다.

maximum [mǽksəməm] *n.* 최고점, 최대한, 극대

mayor [méiər] *n.* 시장(市長)

meantime [míːntàim] *n.* 그 동안; *ad.* 그 동안에, 그러
저러는 동안에, 한편, 동시에

measure [méʒər] *n.* 계량(측정·평가·판단)의 기준, 표
준, (*pl.*) 대책, 조치, 처치, 방법; *vt.* 측정하다, 재다,
평가하다, 판단하다, 적응시키다.

medallion [midǽljən] *n.* 대형의 메달, (초상화 등의)
원형의 양각

mediocrity [mìːdiákrəti] *n.* 평범, 범인, 보통

mediterranean [mèdətəréiniən] *a.* 지중해의, 지중해
연안의, 육지에 둘러싸인; *n.* (the M~) 지중해

memorize [méməràiz] *vt.* 기억하다, 암기하다.

memory [méməri] *n.* 기억, 회상, 추억, 유품, 기념물

mention [ménʃən] *vt.* 언급하다, 간단히 말하다, 들먹
이다.; *n.* 언급, 진술

mentioned [ménʃənd] *a.* 언급한

mentor [méntər] *n.* 현명하고 성실한 조언자, 스승

message [mésidʒ] *n.* 메시지, 통신, 서신, 전언, 전보,
美(대통령의) 교서, (공식) 메시지, (the~) 교훈, 신탁
(神託), (문학 작품·음악 등의) 주지(主旨), 의도

metaphor [métəfɔ̀ː] *n.* 恩은유(隱喩), 암유(暗喩)

method [méθəd] *n.* 방법, 순서, 수단, 체계, 질서, 규칙
바름, 图 분류법

methodology [mèθədáləʤi] *n.* 방법론

midnight [mídnàit] *n.* 한밤중, 자정, 암흑

mildly [máildli] *ad.* 온화하게, 상냥하게, 다소, 약간

milestone [máilstòun] *n.* 이정표, 획기적인(중대한) 사
건, (인생·역사 따위의) 중대 시점

military [mílətèri] *a.* 군사의, 군인의

million [míljən] *n.* 백만, (*pl.*) 수백만, 다수, (the~
(s)) 대중, 민중

minimum [mínəməm] *n.* 최소한도, 최소량

minister [mínistər] *n.* 장관 †the Prime M~ : 국
무총리, 수상; *vt.* 성직자 노릇을 하다, 섬기다, 진력하
다, 공헌하다, (허영심·필요 등을) 만족(충족)시키다.

ministerial [mìnəstíəriəl] *a.* 성직자의, 정부측의, 여당
의, 대리의, 보좌의, 이바지하는

ministry [mínistri] *n.* (the~) 목사의 임기, 내각, (보
통 M~) 정부의 부, 부의 건물

minority [minɔ́ːrəti] *n.* 소수 민족, 소수, 图미성년(기)

miracle [mírəkl] *n.* 기적, 경이

mire [maiər] *n.* 진흙, 진창, 수렁; *vt.* 진흙으로 더럽히
다, 진창에 빠지다.

miserable [mízərəbl] *a.* 불쌍한, 비참한, 불행한, 아주
딱한, 가엾은, 슬픈, 빈약한, 초라한

misgiving [misgívin] *n.* 의심, 걱정, 불안, 염려

misleading [mislíːdin] *a.* 오도하는, 현혹시키는, 오해
시키는, 혼동케하는

missile [mísəl/-sail] *n.* 미사일, 날아가는 무기

mission [míʃən] *n.* (특별한) 사절단, 전도, 포교, (사절
의) 사명, 임무, 图특명; *vt.* 임무를 맡기다, 파견하다.

mistake [mistéik] *n.* 잘못, 틀림, 착오

mixing [míksin] *n.* 腰(녹음 재생에 있어서 음성과 음
악 등의) 혼성, 믹싱

mobile [móubəl] *a.* 기동력 있는, 이동할 수 있는

mockery [mákəri] *n.* 조롱, 놀림, 조롱거리, 웃음거리,
가짜, 흉내낸 것, 모방, 헛수고

momentum [mouméntəm] *n.* 운동량, 추진력

monastery [mánəstəri] *n.* 수도원

monetary [mánətèri] *a.* 화폐의, 통화의, 금융의

monger [mʌ́ŋgər] *n.* …상인, …장수, (시시한 일을)
세상에 퍼뜨리는 사람

monstrous [mánstrəs] *a.* 기괴한, 거대한, 극악무도한,
끔찍한, 엄청난; *ad.* 대단히, 몹시

moral [mɔ́ːrəl] *a.* 도덕상의, 교훈적인, 정신적인

morality [mərǽləti] *n.* 도덕(윤리)학, 도의, (개인의)
덕행, 덕성, (이야기 등의) 교훈

moreover [mɔ̀ːróuvər] *ad.* 게다가, 더욱이

motivate [móutəvèit] *vt.* …에게 동기를 주다, (학생
에게) 흥미를 느끼게 하다.

motivation [mòutəvéiʃən] *n.* 자극, 유도, 동기부여

mountain [máuntən] *n.* 산, 산악, 산맥, 다수, 다량

mourn [mɔːn] *vi.* 슬퍼하다, 한탄하다.

movement [múːvmənt] *n.* 운동, 활동, (신체 일부의)
움직임, (*pl.*) 거동, 태도, 자세, (식물의) 발아, 성장,
(시대 등의) 동향, (시장의) 활기, 동태, 변동, (사건·이
야기 등의) 진전, 변화

multilateral [mʌ̀ltilǽtərəl] *a.* 다각적인, 다변(多邊)의,
다국간의

munition [mju(ː)níʃən] *n.* 군수품, 탄약
murder [mə́ːrdər] *n.* 살인, 모살, 回매우 위험한 일
musician [mjuːzíʃən] *n.* 음악가, 연주가
Muslim [mʌ́zlim] *n.* 이슬람교도
muster [mʌ́stər] *vt.* (병사·선원 등을) 소집하다, (용기 등을) 불러일으키다, 분기(결집)시키다. ; *n.* 소집, 집합, 점호, 검열, 画견본, 샘플
mutual [mjúːtʃəl] *a.* 서로의, 공동의, 공통의
mutually [mjúːtʃuəli] *ad.* 상호간에, 서로, 합의 하에

N

nail [neil] *n.* 손톱, 발톱, 못, 징
narrow [nǽrou] *a.* 폭이 좁은 ; *n.* 해협
natural [nǽtʃərəl] *a.* 자연의, 자연 그대로의, 타고난
nature [néitʃər] *n.* 자연, 본성, 천성
naught [nɔːt] *n.* 제로, 영, 固무가치, 무 ; *a.* 무가치한, 무용의, 붕괴된, 망한
naughty [nɔ́ːti] *a.* (어린애가) 장난꾸러기의, 버릇없는, 못된, 나쁜
naval [néivəl] *a.* 해군의, 군함의
near [niər] *ad.* 가까이, 이웃하여, 거의, 정밀하게, 검소하게, 인색하게 ; *a.* 가까운, 근친의, 이해관계가 깊은, 진짜에 가까운, 인색한, 아슬아슬한 ; *vt.* …에 접근하다.
necessarily [nèsəsérəli] *ad.* 반드시, 필연적으로, 물론, (부정구문) 반드시(…은 아니다)
neglect [niglékt] *vt.* 무시하다, 경시하다.
negotiate [nigóuʃièit] *vt.* 협정하다, 협상하다.
negotiation [nigòuʃiéiʃən] *n.* (종종 *pl.*) 교섭, 협상, 画(어음 등의) 유통, 양도
negotiator [nigóuʃièitər] *n.* 교섭자, 협상자, 양도인
neighbor [néibər] *n.* 이웃, 옆자리 사람, 동료
neighborhood [néibərhùd] *n.* 이웃, 근처, 주위, (어떤 특징을 가지는) 지역, 지방
network [nétwə̀ːrk] *n.* 연락망, 망세공(網細工), 방송망
neutrality [njuːtrǽləti] *n.* 중립, 불편 부당, 국외 중립
nevertheless [nèvərðəlés] *ad. conj.* 그럼에도 불구하고, 그렇지만, 역시
nightmare [náitmɛ̀ər] *n.* 악몽, 가위눌림, 무서운 일, 공포감, 불쾌한 예감
nil [nil] *n.* 무(無), 영(零) 圖0점
noble [nóubl] *a.* 숭고한, 고결한, 귀족의
nominate [nɔ́mənèit] *vt.* 지명하다, 임명하다.
normal [nɔ́ːməl] *a.* 표준의, 규격대로의, 평균의, 수직의, 규정의 ; *n.* 상태, 전형, 표준, 수직선, 평균량
normally [nɔ́ːməli] *ad.* 정상적으로, 순리적으로, 보통은
Normandy [nɔ́ːməndi] *n.* 노르망디(영국 해협에 면한 프랑스 서북의 지방)

norm [nɔːm] *n.* 표준, 규범, 평균 성적
notably [nóutəbli] *ad.* 현저하게, 두드러지게, 뚜렷하게
note [nout] *n.* (짧은) 기록, (종종 *pl.*) 각서, 수기, 비망록, 주(해), 짧은 편지, 단신, 주의, 주목, 음성, 어조, 음색, 困지폐(圉bill), (약속) 어음, 예치증 ; *vt.* 적어두다, 기록하다, 주의(유념)하다, 알아차리다.
notify [nóutəfài] *vt.* (정식으로) 통보하다, 신고하다, 계출하다, 발표하다, 공시하다.
notion [nóuʃən] *n.* 관념, 개념, 의향, 의지, 의견, 견해, 이해력, 능력, (*pl.*) 잡화, 방물
nourish [nə́ːriʃ] *vt.* 기르다, …에게 자양분을 주다, 키우다, 조장하다, (감싸) 보호하다.
nowadays [náuədèiz] *ad.* 오늘날에는 ; *n.* 오늘날, 현대
nuclear [njuːkliər] *a.* 원자력의, 핵의
nuke [njuːk] *n.* 圄핵무기, 원자력 잠수함
numerous [njúːmərəs] *a.* 다수의
nurture [nə́ːrtʃər] *vt.* 양육하다, 기르다, 양성하다, 영양물을 공급하다. ; *n.* 양육, 교육, 자양(음식물)

O

oasis [ouéisis] *n.* 오아시스, 위안처, 휴식처
oath [ouθ] *n.* 맹세, 서약
object [ɔ́bdʒikt] *n.* 물건, 물체, 대상, 목적, 목표, 文法목적어, 圍대상, 객체 ; [əbdʒékt] *vi.* 싫어하다, 반감을 가지다, 반대하다, 항의하다.
objective [əbdʒéktiv] *n.* 목표, 목표지점 ; *a.* 목적의, 객관적인, 편견 없는
obligation [ɔ̀bləgéiʃən] *n.* 의무, 책무, 채권, 증권, 은혜, 혜택, 신세, 의리
obstacle [ɔ́bstəkl] *n.* 장애물
obvious [ɔ́bviəs] *a.* 명백한, 분명한, 환히 들여다보이는, 눈에 거슬리는, 너무 두드러진
obviously [ɔ́bviəsli] *ad.* 분명(명백)하게, 두드러지게
occasion [əkéiʒn] *n.* (특수한) 경우, 일, 행사, 기회, 이유, 근거 ; *vt.* 생기게 하다, 원인이 되다.
occasionally [əkéiʒənəli] *ad.* 때때로, 가끔, 이따금
occupied [ɔ́kjupàid] *a.* 점령(점거)된, …에 종사하고 있는(*in, with*)
occur [əkə́ːr] *vi.* 일어나다, 생기다, 발견되다, 존재하다, 떠오르다, 생각이 나다.
occurrence [əkə́ːrəns] *n.* 발생, 산출, 사건
ocean [óuʃən] *n.* 대양, 해양
offense [əféns] *n.* 위반, 반칙, 공격, 무례, 모욕
offensive [əfénsiv] *a.* 불쾌한, 무례한, 화나는, 모욕적인, 공격적인 ; *n.* (the~) 공격, 공세, 활동, 사회운동
offer [ɔ́ːfər] *vt.* (물건·원조 등을) 제공하다, 권하다, 제의(출)하다, (기도를) 드리다, (제물을) 바치다. ; *n.* 제

공, 제안, 신청, 商 오퍼

office [ɔ́:fis] *n.* 관청, 사무소, 직무, 임무, 직책, 점포, 회사, (*pl.*) 진력, 호의, (the ~)《집합적》전 직원

officer [ɔ́:fisər] *n.* 장교

official [əfíʃəl] *n.* 공무원, 관리

officially [əfíʃəli] *ad.* 공무상, 직책상, 직권에 의해

oneupmanship [wʌnʌ́pmənʃip] *n.* 남보다 한 발 앞선 행위(술책)

ongoing [ɔ́:ngòuiŋ] *a.* 전진하는, 진행중의

onrushing [ɔ:nrʌ́ʃiŋ] *a.* 돌진하는, 앞뒤를 헤아리지 않고 내닫는

openness [óupənnis] *n.* 개방 상태, 솔직, 관대

operation [ɑ̀pəréiʃən] *n.* 시행, 실시

opinion [əpínjən] *n.* 의견, 견해, (*pl.*) 지론, 소신, 여론, (선악의) 판단, 평가, 전문가의 감정, 존경

opportunity [ɑ̀pərtjú:nəti] *n.* 기회, 호기

oppose [əpóuz] *vt.* 반대하다, 이의를 제기하다, 대항하다, 방해하다, 대립시키다.

opposed [əpóuzd] *a.* 반대된, 대항하는, 적대하는(*to*), 대립된, 마주 보는

oppression [əpréʃən] *n.* 압박, 억압, 우울, 의기소침, 고난 法 직권남용죄

oppress [əprés] *vt.* 압박하다, 억압하다, 학대하다.

oppressor [əprésər] *n.* 압제자, 박해자

optimist [ɑ́ptəmist] *n.* 낙천가, 태평적인 사람

optimistic [ɑ̀ptəmístik] *a.* 낙천주의의, 낙관적인

oratory [ɔ́:rətɔ̀:ri] *n.* [1]웅변, 과장적 문체, 수사 ; 法 기도실, 작은 예배당, (the O~) 오라토리오회

ordeal [ɔ:dí:l] *n.* 시련

ordinary [ɔ́:dənèri] *a.* 보통의, 평상의, 얼굴이 변변찮은, 보통 이하의, 法 직할의 †in the ~ way : 보통은, 평상대로는 ; *n.* 보통 일, 판사, 美 보통주(株), 정식이 나오는 여관, 옛날 자전거

organization [ɔ̀:gənizéiʃən] *n.* 조직(화), 단체, (정당의) 당무 위원

organizer [ɔ́:gənàizər] *n.* 조직자, 발기인, 창립위원

original [ərídʒənəl] *a.* 최초의, 원시의, 독창적인, 기발한, 신기한, 원형의

outcome [áutkʌm] *n.* (보통 *sing.*) 결과, 성과

outdate [àutdéit] *vt.* 시대에 뒤지게 하다.

outlaw [áutlɔ̀:] *n.* 무법자, 불량배, 상습범 ; *vt.* 무법자로 선언하다, …을 금지하다, 法 법적 효력을 소멸시키다.

outlive [àutlív] *vt.* …보다 더 살다, 보다 오래 남다, 극복하다, 견디어 내다.

outlook [áutlùk] *n.* 조망, 경치, 예측, 전도, 견해, 견지, 시야, 개관, 망루

outplay [àutpléi] *vt.* 경기에서 상대방을 패배시키다.

outpouring [áutpɔ̀:riŋ] *n.* 유출(*of*), 유출물, (*pl.*) 쏟

아져 나옴, (감정 등의) 발로

outrageous [autréidʒəs] *a.* 난폭한, 포학한, 무법의, 괘씸한, 엉뚱한, 괴이한

outset [áutsèt] *n.* 착수, 시초, 발단

outstanding [àutsténdiŋ] *a.* 눈에 띄는, 쑥 내민

outwit [àutwít] *vt.* 한술 더 뜨다, 보다 나은 꾀로 지우다, 속이다.

oval [óuvəl] *a.* 달걀 모양의 ; *n.* 달걀꼴, 스타디움, 경기장, 回 럭비공

overall [òuvərɔ́:l] *a.* 전부의, 총체적인, 종합적인

overcome [òuvərkʌ́m] *vt.* 이기다, 압도하다, 정복하다. 受動 …을 손쓸게 하다, 압도하다.

overreact [òuvərriǽkt] *vi.* 과잉 반응하다, 지나치게 반응하다

overwhelming [òuvərhwélmiŋ] *a.* 압도적인, 저항할 수 없는

owned [ound] *a.* (복합어를 이루어) …이 소유하는

ℙ

Pacific [pəsífik] *a.* 태평양의 ; *n.* the ~ 태평양

pagoda [pəgóudə] *n.* 탑, 파고다, (파고다 모양의) 매점

palestinian [pæ̀listíniən] *a. n.* 팔레스타인의 (주민)

pardon [pá:dən] *n.* 용서, 사면, 法 특사, 면죄부 ; *vt.* 용서하다, 法 사면하다.

parliament [pá:ləmənt] *n.* 의회, 국회, 하원

participate [pɑrtísəpèit] *vi.* 참여하다, 관여하다(*in*).

participation [pɑrtìsəpéiʃən] *n.* 관여, 관계, 참여, 참가 醫·心 감응, 분배받기

particular [pərtíkjulər] *a.* 특별한, 특정의, 개개의, 특유의, 상세한, 꼼꼼한

particularly [pərtíkjulərli] *ad.* 특히, 각별하게

passion [pǽʃən] *n.* 열정, 열애, 감정

passionate [pǽʃənət] *a.* 열렬한, 정열적인, 격렬한

patience [péiʃəns] *n.* 인내, 참을성, 끈기, 불굴의 힘

patient [péiʃənt] *a.* 인내심 있는, 끈기 있는, 느긋한, 골똘한, 근면한, 허용하는 ; *n.* 환자, 병자

pavement [péivmənt] *n.* 포장 도로, 포장재료, 차도, 인도, 보도 †on the ~ : 거리를 걸어, 버림받아

pawn [pɔ:n] [1]*n.* 전당, 전당물, 담보물, 볼모, 인질, 맹세, 약속 ; *vt.* 전당잡히다, 목숨을 걸고 맹세하다. ; [2]*n.* 졸 (卒), 앞잡이

pecan [piká:n] *n.* 植 피칸(미국 중·남부 지방의 호두나무의 일종)

pedant [pédənt] *n.* 학자티를 내는 사람, 탁상공론가

peer [piər] *n.* 동배, 동료 ; [1]*vt.* …에 필적하다 ; [2]*vi.* 자세히 들여다 보다, 응시하다, 주의해서 보다.

penalty [pénəlti] *n.* 형벌, 벌금, 위약금, 응보

peninsula [pinínsələ] *n.* 반도

perceive [pərsíːv] *vt.* 지각하다, 인지하다, 알아차리다, 이해하다, 깨닫다, 파악하다.

percent [pərsént] *n.* 퍼센트, 백분, 백분율

perfect [pə́ːrfikt] *a.* 완전한, 정확한, 완전히 습득한, 대단한, 최적의, 안성맞춤의, 완료의

perfectly [pə́ːrfiktli] *ad.* 완전히, 더할 나위 없이, 이상적으로, 回매우, 몹시, 굉장히(very)

perform [pərfɔ́ːm] *vt.* 이행하다, 실행하다, 상연하다, 연기하다, 공연하다.

performance [pərfɔ́ːməns] *n.* 실행, 이행, 동작, 작업, 상연, 연기

performing [pərfɔ́ːmiŋ] *a.* 실행하는, 공연을 요하는, 재주 부릴 줄 아는

perhaps [pərhǽps] *ad.* 아마, 어쩌면, 혹시

period [píəriəd] *n.* 기간, 시기, 끝, 수업 시간, 주기

permit [pərmít] *vt.* 허락하다, 허가하다, 용납하다, 묵인(방임)하다.

perpetuate [pərpétʃuèit] *vt.* 영존(영속)시키다.

persecute [pə́ːrsikjùːt] *vt.* 박해하다, 학대하다.

persecution [pə̀ːrsikjúːʃən] *n.* (종교적) 박해, 졸라댐, 치근댐

personal [pə́ːrsənəl] *a.* 개인적인, 인격적인, 개인의, 자신의, 사적인, 본인이 직접 하는, 본인이, 신체의

personality [pə̀ːrsənǽləti] *n.* 개성, 성격, 인격, 개인, 인간, 명사, 사람으로서의 존재

perspective [pərspéktiv] *n.* 원근법, 투시화법, 원경, 조망; *a.* 원근(투시) 화법의, 원근법에 의한

persuade [pərswéid] *vt.* 설득하다, 확인시키다, 납득시키다, 믿게 하다.

pessimist [pèsimíst] *n.* 비관론자, 염세주의자

pessimistic [pèsimístik] *a.* 비관적인, 염세적인

phase [feiz] *n.* 상(相), 현상, 단계, 국면; *vt.* 단계적으로 실행하다, 동시성을 갖게 하다.

phenomenon [finámənàn] *n.* 현상, 사건, (*pl.* ~s) 이상한 물건, 비범한 인물, 천재

philosophy [filásəfi] *n.* 철학, 원리

phrase [freiz] *n.* 文語구, 성구, 관용구, 말씨, 어법, 말솜씨, 명언, 경구, (*pl.*) 빈말, 무의미한 글귀

pile [pail] [1]*n.* 쌓아올린 더미, 퇴적, 산더미, 回큰 돈, 재산, 軍걸어총; *vt.* 겹쳐 쌓다, 쌓아올리다.; [2]*n.* 말뚝, 파일, 화살촉; [3]*n.* 솜털, 양털, 모피; [4]*n.* 치질, 치액

pillar [pílər] *n.* 기둥, 지주, 주석

pilot [páilət] *n.* 조종사, 수로 안내인, 도선사, 지도자, 안내인, 안내서, 나침반; *vt.* 수로를 안내하다, 조종하다, 잘 추진시키다.

pinpoint [pínpɔ̀int] *n.* 핀 끝, 뾰족한 것, 조금, 소량, 정밀 조준 폭격; *vt.* 정확하게 지적하다, 정밀 폭격하다.

pity [píti] *n.* 연민, 불쌍히 여김, 동정, 유감스러운 일

plain [plein] *a.* 분명한, 명백한, 평이한, 간단한, 알기 쉬운, 솔직한, 꾸밈없는, 뽐내지 않는, 순수한, 순전한, 무지(無地)의, 보통의, 교양이 없는, 검소한, 간소한, 소박한, (얼굴이) 예쁘지 않은, 판판한, 평탄한, (카드놀이) 상수패가 아닌, 보통 패의; *n.* 평지, 평야, 평원, 광야; the P~ 《프랑스사》 평원당(혁명 시대, 국민 의회의 온건파), 무지(無地)의 천; *vi.* 固 한탄하다, 불평하다, 푸념하다, 슬퍼하다.

planet [plǽnit] *n.* 행성

plaza [pláːzə] *n.* 대광장, 쇼핑센터

pledge [pledʒ] *n.* 담보, 저당, 보증, 서약, 맹세, 언질; *vt.* 맹세하다, 서약하다, 보증하다, 언질을 주다, 저당 잡히다, 전당포에 넣다.

plenty [plénti] *n.* 많음, 대량, 다량, 풍부, 충분; *a.* 너무 많은; *ad.* 충분히, 매우, 철저히

plight [plait] [1]*n.* 文語맹세, 약혼; *vt.* 맹세하다, 약혼시키다.; [2]*n.* 곤경, 궁상

plunge [plʌndʒ] *vt.* 던져 넣다, 내던지다, 몰아넣다.; *n.* 뛰어듦, 돌진, 돌입, 큰 도박

pluralistic [plùərəlístik] *a.* 여러 직업을 겸한, 團다원론의, 복수 인종적인

pocket [pókit] *n.* 호주머니, 쌈지, 지갑, 자금, 용돈, 작은 지역, 고립 지대, 막다른 골목

poet [póuit] *n.* 시인

poetry [póuitri] *n.* 시, 시가, 운문(*opp.* prose), 시심

policy [pólisi] *n.* [1]정책, 시정, 방침, 현명, 신중; [2]보험증권, 숫자 도박

polish [páliʃ] *n.* 광택, 윤, 광택제; *vt.* 닦다, 윤내다, 끝마무리하다, 마멸시키다.; **Polish** [póuliʃ] *a.* 폴란드의, 폴란드 사람의

political [pəlítikəl] *a.* 정치적인, 정치의

politician [pùlətíʃən] *n.* 정치가, 직업 정치가, 정객

poll [poul] *n.* 투표, 득표집계, 선거인명부, 여론 조사, 인두세, 뒤통수; 美투표소

pollution [pəlúːʃən] *n.* 오염, 더럽힘, 불결, 공해, (정신적) 타락, 圖 몽정

popular [pápjulər] *a.* 민중의, 대중의, 통속적인, 인기 있는, 평판이 좋은, 평이한, 값싼

portion [pɔ́ːʃən] *n.* 일부, 몫, 1인분, 固 상속분, 분배 재산, (*sing*) 운명(in)

portrait [pɔ́ːtrit] *n.* 초상화, 인물사진

portray [pɔːtréi] *vt.* 그리다, 묘사하다, 말하다.

position [pəzíʃən] *n.* 지위, 처지, 입장, 위치, 장소, 소정의 위치, 자세, 태도, 근무처, 견해, 軍유리한 지점, 진지, 樂(음의) 위치, 論명제

positive [pózətiv] *a.* 명확한, 분명한, 솔직한, 완전한, 자신 있는, 궁극적인, 적극적인, 실용적인, 文法원급의

positively [pázətivli] *ad.* 명확하게, 단호히, 건설적으로, 단연코, 전적으로, (yes대용으로) 물론, 그렇고 말고

possessed [pəzést] *a.* 홀린, 미친, 열중한, 침착한, 차분한, 反語 소유한(*of*)

possession [pəzéʃən] *n.* 소유, 점령, (*pl.*) 소유물, 재산 困 점유

possibility [pùsəbíləti] *n.* 가능성, 장래성

potential [pəténʃəl] *a.* 가능한, 가능성이 있는, 잠재하는 文法 가능법의

poverty [pávərti] *n.* 빈곤, 가난, 빈약, 열등

practice [préktis] *vt.* 실행하다, 실천하다, (반복하여) 연습하다. ; *n.* (보통 *sing.*) (개인의) 습관, (사회의) 관습, 관례, 실행, 실천, (반복) 연습, 실습, 업무, 영업, (의사·변호사 등의) 개업, 《집합적》 환자, 사건 의뢰인, (보통 *pl.*) 책략, 음모

praise [preiz] *n.* 칭찬, 찬양, 찬미, 숭배, (*pl.*) 하나님을 찬미하는 말, 固 칭찬할 만한 점

pray [prei] *vi.* 빌다, 간청하다, 文語 제발, 바라건대

prayer [prɛər] *n.* 기도(문구), 소원, 탄원, 청원, 소원

preceding [prisí:diŋ] *a.* (보통 the~) 앞선, 바로 앞의, 전술의, 선행하는

precious [préʃəs] *a.* 귀중한, 값비싼

precisely [prisáisli] *ad.* 정밀하게, 정확하게, 까다롭게, (대답에 써서) 바로 그렇다.

precondition [prì:kəndíʃən] *n.* 필수조건

prefer [prifáːr] *vt.* …을 오히려 더 좋아하다, 차라리 …을 취하다, 文語 등용하다, 발탁하다, 제출하다.

preference [préfərəns] *n.* 더 좋아함, 더 좋아하는 물건, 우선권, 선취권

prejudice [prédʒudis] *n.* 편견, 선입견, 困침해, 손상

preliminary [prilímənèri] *a.* 예비의, 임시의

preparation [prèpəréiʃən] *n.* 준비, 태세, 각오, 작성, 조제, 困예습, 예습시간, 美부조화음의 조정

prepare [pripéər] *vt.* 준비하다, 마련하다, 채비를 갖추다, 작성하다.

prescribe [priskráib] *vt.* 규정하다, 미리 정하다, 명령하다, (약·치료법 등을) 처방하다.

presence [prézns] *n.* 존재, 실재

presentation [prì:zentéiʃən] *n.* 증정, 바침, 수여, 선물, 소개, 문안, 표시, 발표, 제출, 제시, 공연, 연출

preserve [prizáːrv] *vt.* 보호하다, 보존하다, 유지하다, 저장하다, 마음 속에 간직하다, 잊지 않다. ; *n.* 영역, 분야, (보통 *pl.*) 설탕 조림, 잼, 통조림의 과일, 양어장

pressure [préʃər] *n.* 압력, 압박

pressurize [préʃəràiz] *vt.* 困기압을 일정하게 유지하다, 압력솥으로 요리하다.

presume [prizúːm] *vt.* 가정하다, 상상하다, 困반대의 증거가 없어 …으로 추정하다.

prevent [privént] *vt.* 막다, 방해하다, 예방하다, 방지하다, 지키다, 보호하다.

pride [praid] *n.* 자존심, 만족, 자만, 자기자랑, 장관

primarily [praimérəli] *ad.* 첫째로, 처음으로, 주로, 우선, 처음에는, 본래

primary [práimeri] *a.* 첫째의, 제1의, 초기의, 으뜸가는, 주요한, 주된, 직접적인 ; *n.* 제1원리, 美 (특히) 대통령 선거인 예비선거

principle [prínsəpl] *n.* 원리, 원칙, 근본 방침, 본질, 원소, 주성분, 정도, 정의, 《집합적》 도의, 의리, 절조

prior [práiər] *a.* ¹이전의, 앞의, …보다 중요한, 우선하는 ; *n.* ²수도원 부원장

priority [praiɔ́:rəti] *n.* 우선권, 선취권, 상위, 우위

private [práivət] *a.* 사적인, 사사로운, 사립의, 사설의, 은거의, 비사교적인, 비공개의

prize [praiz] *n.* 상, 포상, 경품, 복권, (경쟁의) 목적물, 남이 부러워하는 것, 귀중한 것

probably [prábəbli] *ad.* 아마, 십중팔구

problematic [prùbləmétik] *a.* 문제의, 의문의, 의심스러운, 확실치 않은

process [próuses] *n.* 진행, 과정, 방법, 공정, 처리 ; *vt.* 공정(처리·가공)하다, (필름을) 현상하다, (데이터·정보 등을) 처리하다.

proclaim [proukléim] *vt.* 선언하다.

proclamation [prùkləméiʃən] *n.* 선언(서), 선포, 포고, 성명서

produce [prədjúːs] *vt.* 생산하다, 산출하다, 제조하다, 제시하다, 만들어내다, 상연하다, 일으키다.

product [prádʌkt] *n.* 산출물, 제작품, 소산, 결과, 성과, 생성물

profession [prəféʃən] *n.* 직업, 전문직, 공언, 선언, 고백, (the~) 동업자들

professional [prəféʃənəl] *a.* 직업의, 직업상의, 직업적인, 전문의, 전문적인, 프로의 ; *n.* 지적 직업인, 기술전문가, 직업 선수

profit [práfit] *n.* 이득, 이익, 벌이 ; *v.* 이득이 되다, 도움이 되다.

profound [prəfáund] *a.* 깊은, 심원한, 의미심장한, 마음에서 우러나오는, 충심의

progress [prágrəs] *n.* 진보, 발전, 향상, 발달, 증진, 보급, 경과, 과정, 추이 ; *vt.* 전진(진행·진보)하다, 발달하다, 향상하다.

proliferation [prəlìfəréiʃən] *n.* 격증, 급증, 확산

promise [prámis] *n.* 약속, 계약 ; *vt.* 약속하다, 가망(희망)이 있다, …할 듯하다.

promote [prəmóut] *vt.* 승급(승진)시키다, 장려하다, 진행시키다, 증진하다, 조장하다, (법안의) 통과에 노력하다, 설립을 발기하다, 흥행을 주최하다.

proper [prɔ́pər] *a.* 고유의, 독특한, 적당한, 적절한, 예의바른, 엄격한 의미의, 본래의, 자기 자신의

properly [prɔ́pərli] *ad.* 적당히, 마땅히, 정확히, 훌륭하게, 回 철저히, 철두철미하게

property [prɔ́pərti] *n.* 재산, 자산, 소유물, 困소유권, 소유본능, (어떤 물건 고유의) 특질, 특성, 연장, 도구

prosecute [prásikjù:t] *vt.* 수행하다, 영위하다, 종사하다, 기소하다, 소추하다, 요구하다

prospect [prɔ́spekt] *n.* 예상, 기대, 가망, 전망, 조망, 경치

prosper [práspər] *vt.* (사업 등이) 번창(성·영)하다, (사람이) 성공하다.

prosperity [prɔspérəti] *n.* 번영, 융성, 번창, 성공, 행운, 행복, 부유

prosperous [práspərəs] *a.* 번영하는, 부유한, 성공한, 순조로운, 유리한

protect [prətékt] *vt.* 보호하다, 지키다, 비호하다.

protection [prətékʃən] *n.* 보호, 옹호, 방어, 통행증, 여권, 經보호무역제도, 商보증금, 상납금

protest [prətést] *vt.* 단언하다, 증언하다, 지불을 거절하다, 美이의를 제기하다, 항의하다.

protocol [próutəkɔ̀l] *n.* 의정서, 의전, 의례, 의식

proud [praud] *a.* 뽐내는, 자랑하는, 거만한, 식견 있는, 훌륭한, 장한, 당당한

prove [pru:v] *vt.* (정확성·성질 등을) 시험(실험·경험)하다, 數검산하다, (증거·논증 등으로) 증명(입증)하다.

provide [prəváid] *vt.* 공급하다, 제공하다.

provided [prəváidid] *conj.* …을 조건으로, 만일 …이라면(*if, if only*)

provider [prəváidər] *n.* 공급자, 준비자, 설비자

provocation [prùvəkéiʃən] *n.* 화남, 성나게 함, 분개, 분노, 도전, 도발, 자극

provocative [prəvɔ́kətiv] *a.* 성나게 하는, 자극적인, 도발하는; *n.* 자극물, 흥분제

provoke [prəvóuk] *vt.* 화나게 하다, 약올리다, 자극하여 …시키다, 선동하다, 불러일으키다.

provost [próvəst] *n.*美大學학무 담당 부총장, 英大學학장, 스코시장, 敎會주임, 사제, 목사; [prəvóu] 軍헌병 사령관

prowl [praul] *vi.* (사람·동물이) (먹이를 찾아·훔칠 기회를 노려) 찾아 헤매다, 어슬렁거리다, 배회하다(about).; *n.* 배회, 어슬렁거리기

public [pʌ́blik] *a.* 공공의, 공중의, 공립의, 공공연한, 국제적인; *n.*《집합적》공중, 대중, 민중, 국민, 인민

publicly [pʌ́blikli] *ad.* 공공연하게, 여론에 의해

publish [pʌ́bliʃ] *vt.* 발표하다, 널리 알리다, 출판하다, 발행하다, 사용하다.

pull [pul] *vt.* 끌다, 당기다, 잡아떼다, (지지·인기를) 얻다, (군대·사절단 등을) 철수시키다.; *n.* 한번 당기기, (자연의) 인력, 손잡이, 한 잔, 연줄, 연고

punishment [pʌ́niʃmənt] *n.* 형벌, 처벌, 징계, 응징, 본보기, 난폭한 취급

purely [pjúərli] *ad.* 순수하게, 깨끗하게, 결백하게, 맑게, 전혀, 전연

purple [pə́:rpl] *a.* 자줏빛의, 화려한, 현란한, 제왕의, (빛깔이) 야한, 선정적인; *n.* 자줏빛, (*pl.*) 자반병

purpose [pə́:rpəs] *n.* 취지, 목적, 결의

pursue [pərsú:] *vt.* 추구하다, 추적하다, 속행하다, 종사하다, 따르다.; *vi.* 이야기를 계속하다, 困 소추하다.

Q

quality [kwáləti] *n.* 질, 소질, 자질, 특성, 품질, 우량질, 사회적 지위, 자격, 입장, 능력, 재능, 수완

quantity [kwántəti] *n.* 양, 분량, 다량, 다수, 기한

quarterfinal [kwɔ́:tərfàinəl] *n.* 준준결승

quartet [kwɔ:tét] *n.* 4중주(중창), 4인조

quell [kwel] *vt.* 진압하다, 평정하다, 억누르다.

quest [kwest] *n.* 탐색, 탐구, 추구(pursuit); *vt.* 찾다, 추구하다.

question [kwéstʃən] *vt.* 질문하다, 묻다(ask), 심문하다.; *n.* 물음, 의문, 의심

questioning [kwéstʃəniŋ] *a.* 따지는, 미심쩍어하는

quitter [kwítər] *n.* (일·의무 등을 끝까지 해보지 않고) 포기하는 사람, 쉬 체념하는 사람, 겁쟁이

R

rain [rein] *n.* 비, 강우, 우천, (열대지방의) 우기

raise [reiz] *n.* 올림, 인상, 증가; *vt.* 올리다, 들어올리다, 일으키다, 세우다.

rally [rǽli] *vt.* (흩어진 군대·집단 등을) 다시 불러모으다, 규합하다, 만회하다, (정력을) 집중하다, (체력·기력 등을) 회복하다.; *a.* 證券다시 값이 올라가는, 반등하는; *n.* 다시 모임, 재거(再擧), 만회, (정치·종교 등의) 대집회, 시위(운동), (기력 등의) 회복

ranch [rɑːntʃ] *n.* (미국·캐나다의) 대목장, 농장, 《집합적》목장에서 일하는 사람들

range [réindʒi] *vt.* 정렬시키다, 가지런히 하다, …의 범위를 정하다, 겨누다, 조준하다.; *n.* 열, 범위, 구역, (가스·전자) 레인지

rarely [réərli] *ad.* 드물게, 좀처럼 …않는, 훌륭하게

rate [reit] ¹*n.* 비율, 요금, 시세, 속도, 진도, 등급, 하루의 오차, (*pl.*) 세금, 美지방세; *vt.* 평가하다, 어림잡다, 과세의 목적으로 평가하다, 등급을 정하다, …할 만한 가치가 있다.; ²*vi.* 꾸짖다, 나무라다.

ratification [rætəfikéiʃən] *n.* 비준, 재가, 囷 추인

ravage [rǽvidʒ] *vt.* 유린하다, 파괴하다. ; *n.* 파괴, 황폐

reached [riːʃt] *a.* 뇌물을 먹은, 부패한

react [riːǽkt] *vi.* 반응하다, 반동하다.

reaction [riǽkʃən] *n.* 반작용, 반동, 역행, 반응, 무기력, 핵반응, 반충 작용, 재생

reaffirm [rìːəfəːrm] *vt.* 다시 단언하다, 다시 긍정하다.

realistic [rìːəlístik] *a.* 현실적인, 현실주의의

realize [ríːəlàiz] *vt.* 실감하다, 이해하다, 깨닫다, (수동형으로) 실현하다, 여실히 보여주다.

realm [relm] *n.* 영역, 범위

reasonable [ríːznəbl] *a.* 합당한, 사리를 아는, 분별있는, 정당한

rebellion [ribéljən] *n.* 모반, 반란, 폭동, 반항 ✝rise in ~ : 폭동을 일으키다.

recall [rikɔ́ːl] *vt.* 회상하다, 생각해내다.

receive [risíːv] *vt.* 받다, 수취하다, 접수하다, 수리하다, 접견하다, 환영하다, 경험하다, 이해하다.

recent [ríːsnt] *a.* 최근의, 근래의, 새로운

reception [risépʃən] *n.* 응접, 환영회, 접대, 접견, 받음, 수령, 입회, 가입, 사람의 대우

reclusive [riklúːsiv] *a.* 세상을 버린, 적막한, 은둔한

recognition [rèkəgníʃən] *n.* 인식, 승인, 알아봄, 식별

recognize [rékəgnàiz] *vt.* 인정하다(acknowledge), 알아주다.

recommendation [rèkəməndéiʃən] *n.* 추천, 천거, 권장, 장점, 좋은 점

reconciliation [rèkənsiliéiʃən] *n.* 화해, 조정, 조화, 일치, 복종, 체념

reconfirm [rìːkənfəːrm] *vt.* 재확인하다.

reconstruction [rìːkənstrʌ́kʃən] *n.* 재건, 부흥

record [rikɔ́ːd] *vt.* 기록하다, 녹음하다.

recount [rikáunt] *vt.* ¹자세히 말하다, 열거하다, 이야기하다. ; [rìːkáunt] ²계산을 다시 하다, 다시 세다. ; [rìː káunt] *n.* 다시 세기, (투표 등의) 재개표

recovery [rikʌ́vəri] *n.* 회복, 되찾기, 복구

recruit [rikrúːt] *n.* 신병, 보충병, 풋내기, 신입생 ; *vt.* (군대·단체 등에) 신병(신회원 등을) 들이다, (비축을) 보충하다, 더하다.

rector [réktər] *n.* 교장, 학장, 총장, 교구 목사

redemptive [ridémptiv] *a.* 되사는, (저당 잡힌 것을) 도로 찾는, 속전을 내는, 보상의, 상환의, 구제의, 속죄의

reduce [ridjúːs] *vt.* 줄이다, 감소시키다, 낮추다.

reduction [ridʌ́kʃən] *n.* 축소, 삭감, 변형, 적합, 항복, 귀순, 영락, 쇠미, 분류

reelection [rìːilékʃən] *n.* 재선, 개선

reflect [riflékt] *vt.* 반영하다, 반사하다.

reflection [riflékʃən] *n.* 반사, 반영, 투영, 숙고, 반성

reform [riːfɔ́ːm] *vt.* 개정(개선)하다.

reformer [rifɔ́ːmər] *n.* 개혁(개량)가

refrain [rifréin] ¹*n.* 후렴, 반복구 ; ²*vi.* 그만두다, 삼가다, 참다, 억누르다, 자제하다, 멀리하다(from).

refugee [réfjudʒi] *n.* 피난민, 망명자, 도망자

refuse [rifjúːz] *vt.* 거부(거절)하다, 사퇴하다.

regain [rigéin] *vt.* (잃은 것을) 되찾다, 회복하다, 탈환하다, (장소·상태 등에) 복귀하다, 다시 도착하다.

regard [rigáːd] *vt.* …으로 여기다, 간주하다.

regarding [rigáːdiŋ] *prep.* …에 관해서는

regime [riʒíːm] *n.* 제도, 체제, 정권

region [ríːdʒən] *n.* 지방, 지역

regional [ríːdʒənəl] *a.* 지역(전체)의, 지대의, 지방의

regret [rigrét] *n.* 유감, 후회, 회한, 슬픔, 낙담, 애도 (*pl.*) 유감의 뜻, 후회의 말, 정중한 거절

regulation [règjuléiʃən] *n.* 단속, 규제, 조절, 규칙

regulatory [régjulətɔ̀ːri] *a.* 단속하는, 조절하는

reiterate [riːítərèit] *vt.* 되풀이하다, 반복하여 말하다.

reject [ridʒékt] *vt.* 거절하다, 거부(부인)하다, 퇴짜놓다, 물리치다, 배척하다.

rejoicing [ridʒɔ́isiŋ] *n.* 기쁨, 환희

relation [riléiʃən] *n.* 관계, 관련 ✝in relation to : …에 관하여

relationship [riléiʃənʃip] *n.* 관계, 친척 관계

relative [rélətiv] *a.* 상대적인, 비교상의 ; *n.* 친척, 일가

release [rìːlíːs] *vt.* (토지·가옥 등을) 전대하다, 囷 양도하다. ; [rìlíːs] 풀어놓다, 떼어놓다, 석방하다, 면하게 하다, 해제하다, 개봉하다, 발매하다 ; *n.* 해방, 발사, 석방, 방면, 면제, 해제, 구출, 구제, 양도

reliable [riláiəbl] *a.* 믿을 수 있는, 의지가 되는

relief [rilíːf] *n.* (고통·걱정·곤궁 등의) 제거, 경감, 안심, (난민·포위된 도시 등의) 구제, 구원, 구조, 기분전환, 교체, 두드러짐, 빼어남, 탁월

religion [rilídʒən] *n.* 종교, 종파, 신조, 주의, 수도(신앙)생활, 신앙(심)

religious [rilídʒəs] *a.* 종교상의, 종교적인, 양심적인, 세심한, 주도면밀한

rely [riláí] *vi.* 신뢰하다, 의지하다, 믿다.

remain [riméin] *vi.* 남다, 살아남다, 체류하다, 아직 … 하지 않으면 안되다, …의 수중에 들어가다. ; *n.* 잔존자, 잔고, 나머지, 유해, 유골, 유물, 유적, 자취

remark [rimáːk] *vt.* 주의(주목)하다, 감지하다, 인지하다, 알아차리다, (의견 등을) 말하다, 논평하다. ; *n.* 논평, 비평, 의견, 말, 文語 주의, 주목

remind [rimáind] *vt.* 생각나게 하다, 일깨우다, 상기시키다. ✝remind A of B : A에게 B를 생각나게 하다.

reminder [rimáindər] *n.* 생각나게 하는 사람, 암시, 신호, 囼 독촉장

remorse [rimɔ́:s] *n.* 후회, 양심의 가책, 연민, 자비

remote [rimóut] *a.* 먼, 멀리 떨어진, 원격의, 쌀쌀한, 냉담한, 희박한, 거의 없는

render [réndər] *vt.* …을 …하게 하다, …되게 하다 (*make*), 주다, 보답하다, 납부하다, 포기하다, 표현하다.

rendering [réndəriŋ] *n.* 번역, 번역문, 반환(물), 인도(품), 넘겨 줌, 표현, 연출

renew [rinjú:] *vt.* 새롭게 하다, 일신하다, 부활하다, 보충하다, 재개하다.

renewal [rinjú:əl] *n.* 일신, 새롭게 하기, 부흥, 부활, 재생, 재개, 갱신

reply [riplái] *vi.* 대답하다, 응답하다, 메아리치다, 圉 항변하다, 마지막으로 변호를 하다, 답변을 하다.

report [ripɔ́:t] *n.* 보고(서), 리포트, 성적표, 보도, 기사, 소문, 세평, 의사록

reporter [ripɔ́:tə] *n.* 보고자, 신문 기자, 통신원, 서기관

represent [rèprizént] *vt.* 상징하다, …의 표본이다, 대표하다, 표현하다, 마음에 그리다, 상상하다, 설명하다, 지적하다, 상연하다, 역을 맡아하다.

representative [rèprizéntətiv] *n.* 대표자, 대리인, 후계자, 국회의원, 圈하원의원 **†the House of Representatives** 圈하원

repression [ripréʃən] *n.* 진압, 억제, 억압, 억압본능

repressive [riprésiv] *a.* 제지하는, 진압의, 억압적인, 억누르는

republic [ripʌ́blik] *n.* 공화국, 공화정체, 固국가

republican [ripʌ́blikən] *a.* 공화국의, (R~)圈공화당의, 떼지어 사는, 군생(群生)의; *n.* 공화주의자, (R~)圈공화당원, 鳥제비의 일종

reputation [rèpjutéiʃən] *n.* 평판, 명성, 덕망

require [rikwáiər] *vt.* 요구하다, 필요로 하다.

rescue [réskju:] *vt.* 구출하다, 구조하다.; *n.* 구조, 구출, 구원, 해방, 圉불법 석방, 불법 탈환; *a.* 구조의, 구제의

reservation [rèzərvéiʃən] *n.* 보류, 예약 **†without ~** : 기탄없이, 솔직하게

reserve [rizə́:rv] *vt.* 남겨두다(*for*), 예약해두다, 지정하다, 삼가다, 보유하다, 유보하다.; *n.* 저축, 준비금, 지원군, 예비 합대, 후보 선수, 제한, 예비

reservist [rizə́:rvist] *n.* 예비병, 재향군인

resign [rizáin] *vt.* 사직하다, 사임하다, 포기하다, 양도하다, 몸을 맡기다.

resist [rizíst] *vt.* 저항하다, 격퇴하다, 반대하다, 무시하다, 거스르다, (cannot ~ 형태로) 참다, 삼가다, 억제하다.

resolved [rizálvd] *a.* 결심한, 단호한, 깊이 생각한

resource [rí:sɔ:s] *n.* 자원, 재원, 자산, 수단, 방책, 재주, 기지, 심심풀이, 오락

respect [rispékt] *n.* 존경, 경의, (*pl.*) 인사, 문안, 안부, 존중, 중시, 관계, 관련, 관점, 개소, 내용, 세목, 관계, 관련; *vt.* 존경하다, 중요시하다, 소중히 여기다, 고려하다, 주의하다, 관계하다, 관련되다.

respective [rispéktiv] *a.* 저마다의, 각각의, 각자의

respond [rispánd] *vt.* (구두로) 대답(응답)하다, 반응하다, 감응하다.

response [rispáns] *n.* 응답, 반응

responsibility [rispʌ̀nsəbíləti] *n.* 책임, 의무

responsible [rispánsəbl] *a.* 책임이 있는, 신뢰할 수 있는, 중책의

rest [rest] ¹*n.* 휴식, 휴양, 수면, 안정, 안락, 숙소, 안식처, 잠자리, 무덤, (물건을 얹는) 대, 받침대, (총포의) 조준대, 발판; *vi.* 쉬다, 휴식(휴양)하다, 잠자다, 죽다, 영면하다, 휴지(정지)하다, (부정문에서) 안심하고 있다, 마음놓고 있다.; ²*n.* 나머지, 잔여, 여분(*of*), (the~: 복수취급) 그 밖의 사람들(것들); *vi.* (보어와 함께) …인 채로 있다(이다), 여전히 …이다.

restless [réstlis] *a.* 침착하지 못한, 들떠있는, 끊임없는

restlessness [réstlisnis] *n.* 불안

restoration [rèstəréiʃən] *n.* 회복, 복구, 부활, 복직, 복위, 복원, 수복, 반환, 환부, 神學만민구제

restore [ristɔ́:] *vt.* (유실품·도난품 등을) 되돌려주다, 반환하다, 복구(재건·회복)하다, (원문을) 교정하다.

result [rizʌ́lt] *n.* 결과, 성과, 결말, 성적, 스코어; *vi.* 결과로서 생기다, 귀착하다, 끝나다.

resume [rizú:m] *vt.* 다시 시작하다, 다시 계속하다.

resurgent [risə́:rdʒənt] *a.* 소생하는, 부활하는

retaliate [ritǽlièit] *vt.* 보복하다, 앙갚음하다.

retreat [ritrí:t] ¹*n.* 후퇴, 퇴각, 은퇴; *vi.* 물러서다, 후퇴하다, 퇴각하다, 은거(은퇴)하다.; ²[ri:trí:t] *v.* 다시 다루다, 재처리하다.

retribution [rètrəbjú:ʃən] *n.* 보복, 징벌, 천벌

reunification [rì:jù:nəfikéiʃən] *n.* 재통일

reunite [rì:ju(:)náit] *vt. vi.* 재결합시키다, 화해시키다.

reveal [riví:l] *vt.* 드러내다, (비밀 등을) 누설하다, 적발(폭로)하다, (숨겨져 있던 것을) 보이다, 나타내다.; *n.* 계시, 묵시, 폭로

revelation [rèvəléiʃən] *n.* 폭로, 적발(*of*), 누설, 발각, 神學계시, 묵시, (the R~, (the) R~s : 단수 취급) 聖요한계시록

reverently [révərəntli] *ad.* 경건하게, 공손하게, 겸손하게, 경의를 갖고

revolution [rèvəlú:ʃən] *n.* (정치상의) 혁명, 대변혁, 격변, 회전, 선회, 圈미국 독립 전쟁(1775–83)

reward [riwɔ́:d] *n.* 보수, 보상, (종종 *pl.*) 보답, 응보; *vt.* 보답(보상)하다.

rhetoric [rétərik] *n.* 수사학, 웅변술, 수사적 기교

rhythm [ríðm] *n.* 율동, 리듬

ridicule [rídikjùːl] *vt.* 비웃다, 조롱(조소)하다. ; *n.* 비웃음, 조롱, 조소, 놀림

risk [risk] *n.* 위험, 모험 †take(run) the(a) ~ of : …의 위험을 무릅쓰다. / at one's own risk : 자기가 책임지고 / at the risk of (one's life) : (목숨)을 걸고

roadway [róudwèi] *n.* 도로, (특히) 차도

rob [rɑb] *vt.* 강탈하다, 빼앗다.

robe [roub] *n.* 길고 헐거운 겉옷, (*pl.*) 예복, 관복, 의복, 옷, 園무릎 덮개

rogue [roug] *n.* 건달, 방랑자, 악한, 악당, 장난꾸러기

role [roul] *n.* 역할, 배우, 임무

rooted [rúːtid] *a.* 뿌리박은, 뿌리깊은, 정착한

rout [raut] *n.* 園떠들썩한 군중, 혼란된 군중, 園불온 집회, 사교적인 모임, 패주, 궤주

route [ruːt] *n.* 길, 노정, 루트, 항로, 園행군 명령; *vt.* (화물 등을 …의 루트로) 발송하다, (…의) 루트를 정하다.

row [rou] [1]*n.* 열, 줄, 좌석 줄, 거리, 가(街), 가로수; [2]*vi.* 배를 젓다, 보트레이스에 참가하다. ; [3]*n.* [rau] 법석, 소동, 싸움, 말다툼, 질책; *vi.* 떠들다, 말다툼하다.

ruin [rúːin] *vt.* 파멸하다, 몰락하다. ; *n.* 파멸, 멸망, 폐허

rule [ruːl] *n.* 규칙, 규정, 상습, 습관, 관례, 통례, 지배, 통치, 표준, 자(尺); *vt.* (국왕·정부 등이) 지배하다, 통치하다(govern), 지휘(지도·제어·통제)하다, (감정 등을) 억제하다, (법정 등이) 규정(판결)하다.

rumor [rúːmər] *n.* 소문, 풍문, 유언비어 園 소음

S

sacred [séikrid] *a.* 신성한, 존경할 만한, 종교적인, (어떤 목적) 전용의, 불가침의, 신성불가침의

sacredness [séikridnis] *n.* 신성함, 불가침임

sacrifice [sǽkrəfàis] *n.* 희생, 제물, 園孚그리스도의 헌신; *vt.* 희생하다, 희생으로 바치다, 回(상품을) 투매하다, 園孚희생타로 타자를 진루시키다(to).

sadness [sǽdnis] *n.* 슬픔, 비애

sailor [séilər] *n.* 뱃사람, 선원

salute [səlúːt] *vt.* 인사하다, 경의를 표하다.

satellite [sǽtəlàit] *n.* 園위성, 인공위성, 위성국, 위성도시; *a.* 위성의, 위성과 같은, 인접하는, 부수되는

satisfaction [sæ̀tisfǽkʃən] *n.* 만족, 흡족, 園변제의무의 이행, 배상, 명예회복의 기회

savage [sǽvidʒ] *a.* 야만적인, 사나운, 야생의, 무례한

savagely [sǽvidʒli] *ad.* 사납게, 포악하게, 매정하게

scale [skeil] *n.* 비례, 규모

scar [skɑː] *n.* 흉터, 아물지 않는 상처, 흔적; *vt.* 상처(흉터·흔적)를 남기다, 손상시키다.

scatter [skǽtər] *vt.* 흩뿌리다, 뿌리다, 낭비하다, (재산 등을) 탕진하다, (군중·적군 등을) 해산하다, 쫓아버리다, 흩어지게 만들다.

scattered [skǽtərd] *a.* 뿔뿔이 흩어진, 산재해 있는, 산만한, 산발적인

scenario [sináːriòu] *n.* 대본, 시나리오, 개요, 초안

scholarship [skálərʃip] *n.* 학문, 학식, 박학, (종종 명칭과 함께 S~) 장학금, 장학자금

score [skɔː] *n.* (경기·시합 등의) 득점, (시험의) 점수, 회계, 계산, (*pl.*) 20명(개), 다수, 적중, 성공, 행운, (the ~) (사태의) 엄연한 사실, 진상, 내막

scoreless [skɔ́ːlis] *a.* 무득점인, 0대0인

scoring [skɔ́ːriŋ] *n.* 득점, 시합 기록

scowl [skaul] *vi.* 얼굴을 찌푸리다, 노려보다(at, on), (날씨가) 험악해지다. ; *vt.* 얼굴을 찌푸려 …을 쫓아버리다(away).

screen [skriːn] *n.* 스크린, 영사막, 병풍

scuttle [skátl] [1]*vt.* 폐기하다, 중지하다. ; [2]*vi.* 황급히 달리다, 허둥지둥 달아나다. ; [3]*n.* 석탄 통 ; [4]*n.* (갑판·뱃전의) 작은 창, 천장, 채광창

secret [síːkrit] *a.* 비밀의, 은밀한, 살그머니 하는, 인정되지 않은, 입이 무거운; *n.* 비밀, 기밀, 불가사의, 비결, 해결의 열쇠, (*pl.*) 음부

secretary [sékrətèri] *n.* 서기, 비서, 비서관, 사무관, 간사, (S~) 장관, 대신, 차관

secure [sikjúər] *a.* 안전한, 위험이 없는; *vt.* 안전하게 하다, 확실하게 하다, 확보하다, 보장하다.

security [sikjúərəti] *n.* 안전, 안보, 안심, 방호, 보호, 보장, 보증(인), 담보(물), (*pl.*) 유가증권

seep [siːp] *vi.* 스며 나오다, 뚝뚝 떨어지다, 새다, 침투하다, 서서히 확산되다.

segue [séigwei] *vi.* 사이를 두지 않고 이행하다.

seize [siːz] *vt.* (기회를) 붙잡다, 포착하다.

seizing [síːziŋ] *n.* 붙잡기, 점유, 압류

selfevident [sèlfévədənt] *a.* 자명(自明)한

selfish [sélfiʃ] *a.* 이기적인, 제멋대로 하는

selfless [sélflis] *a.* 사심 없는, 무욕의

sellout [sélàut] *n.* 매진, 대만원, 배신(자, 행위)

seminar [sémənàː] *n.* 세미나, 연습, 연구 집회

senate [sénət] *n.* [S~] (미국·프랑스·캐나다·오스트레일리아 등의) 상원, 의회, 입법기관, (Cambridge 대학 등의) 평의원회, 이사회

sense [sens] *n.* 감각, 느낌, (*pl.*) 의식, 분별, 의미; *vt.* 감각으로 느끼다, 분별하다.

sensible [sénsəbl] *a.* 분별 있는, 지각 있는, 현명한, 재치있는, 깨달은, 느낄 수 있는

sentiment [séntəmənt] *n.* 감정, 정서

sentimental [sèntəméntl] *a.* 감상적인, 감정적인

separate [sépərèit] *vt.* 가르다, 분리하다, 떼어놓다.

separately [sépərətli] *ad.* 따로 따로, 개별적으로

sepulchre/-er [sépəlkər] *n.* 文語 무덤, 지하 매장소

seraph [sérəf] *n.* 천사

series [síəri:z] *n.* 일련, 연속, 시리즈, 연속물

serious [síəriəs] *a.* 진지한, 중대한, 심각한, 위독한

seriously [síəriəsli] *ad.* 진지하게, 진정으로, 중대하게, 심하게, 걱정할 만큼

session [séʃən] *n.* (의회·회의·법원 등의) 개회중임, 개정중임, 회의, 회합, 회기, 학기, 기간, 시기, (집단적이며 일정 기간의) 강습회, 모임

settle [sétl] *vt.* 놓다, 앉히다, 정주시키다, 자리잡게 하다, 안정(진정)시키다, 해결(처리)하다, 결심하다, (빚·셈 등을) 지불(청산)하다, (제도 등을) 확립시키다.

several [sévərəl] *a.* 몇몇의, 수 개의, 여러 가지의, 困 단독의, 개별의

severe [sivíər] *a.* 엄격한, 엄한, 심한, 맹렬한

shadow [ʃǽdou] *n.* 그림자, 그늘, 응답, 유령, 망령, 세력 범위, 비호, 보호, 조짐

shaking [ʃéikiŋ] *a.* 흔들리는 ; *n.* 동요, 진동, 흔듦

shambles [ʃǽmblz] *n. pl.* (보통 단수 취급) 도살장, 國 고기판매대, 푸주

shape [ʃeip] *vt.* 구체화하다, 실현하다. ; *n.* 모양, 꼴, 형태, 모습, 차림, 양태, 상태, 형편

share [ʃɛər] *vt.* 함께 나누다, 공유하다. ; *vi.* 분담하다, 공동으로 (같이)하다, 참가하다, 한몫 끼다(*in*).

shareholder [ʃɛ́ərhòuldər] *n.* 國 주주

sheep [ʃi:p] *n.* 양, 면양

shelving [ʃélviŋ] *n.* ¹선반에 얹기, 보류, 무기 연기, 버림, 면직 ; ²완만하게 비탈짐, 완만한 비탈

shepherd [ʃépərd] *n.* 양치기, 목동, 목자, (정신적) 지도자, ¶the (good) S~ : 예수 그리스도

shine [ʃain] *vi.* 빛나다, 반짝이다, 이채를 띠다, 눈에 띠다, 뛰어나다.

shipment [ʃípmənt] *n.* 선적, 수송, 발송, 뱃짐, 적하

shirt [ʃərt] *n.* 와이셔츠, 내의 셔츠

shock [ʃɑk] *n.* 충격, 깜짝 놀람 : *vt.* 놀라게 하다, 충격을 주다.

shootout [ʃú:tàut] *n.* 총격전

shore [ʃɔ:] *n.* 해안, 물가, 강기슭, 육지 (*pl.*) (해안을 경계로 하는) 나라

shortly [ʃɔ́:tli] *ad.* 이내, 곧, 간단히, 짧게, 쌀쌀하게, 무뚝뚝하게, 가까이(서)

shrink [ʃriŋk] *vi.* 오그라들다, 줄어들다, 작아(적어)지다, 겁내다, 피하다. (shrunk-shrunken)

shudder [ʃʌ́dər] *vi.* 떨다, 몸서리치다. ; *n.* 떨림, 전율

shuffle [ʃʌ́fl] *vt.* 질질 끌다, 발을 끌며 걷다, 밀치다, 급히 옮기다, (웃을) 되는 대로 걸치다, 버리다, 없애다, 얼

버무리다, 교묘히 섞어 넣다, 전가하다.

shutout [ʃʌ́tàut] *n.* 못 들어오게 함, 공장폐쇄, 野球 완봉, 영봉

shy [ʃai] ¹*a.* 수줍은, 부끄럼 타는, 조심성 있는, 꺼리는, 겁 많은, 쭈뼛쭈뼛하는; *vi.* 뒷걸음치다, 꽁무니 빼다, 주저하다, 피하다. ; *n.* 뒷설음질 ; ²*vi.* 물건을 내던지다. ; *n.* 던지기, 시도, 겨냥, 놀리기, 조소

sick [sik] *a.* 병의, 병든, 메스꺼움, 싫증이 나서, 그리워하여, 동경하여, (얼굴 등이) 창백한

sigh [sai] *vi.* 한숨쉬다, 탄식하다, 사모하다, 그리워하다. ; *n.* 한숨, 탄식, 산들거리는 소리

sight [sait] *vt.* 발견하다, 보다. ; *n.* 시력, 시각, 시야, 경치, 풍경, 구경거리, 웃음거리

signal [sígnəl] *n.* 신호, 암호, 도화선, 징조, 징후

sign [sain] *n.* 기호, 신호, 손짓, 몸짓, 표시, 게시, 기미, 징후, 징조 ; *vt.* 서명하다, 사인하다, 서명하여 보증하다, 신호하다, 눈짓하다, 알리다, (길 등에) 표지를 달다.

significant [signífikənt] *a.* 중요한, 소중한, 의미 있는, 뜻깊은, 나타내는, 상당한, 현저한

similar [símələr] *a.* 비슷한, 유사한, 같은 종류의

sincere [sinsíər] *a.* (-cerer, -cerest) 성실한, 진실한, 진심의, 표리 없는

sincerity [sinsérəti] *n.* 성실, 정직

single [síŋgl] *a.* 단 하나의, 한 개의, 혼자의 ; *n.* 단일, 한 개, 독신 ; *vt.* 골라내다, 선발하다, 발탁하다(*out*).

situation [sìtʃjuéiʃən] *n.* 상태, 상황, 시국, 형세, 위치, 장소, 처지, 경우, 관계, 아슬아슬한 장면, 文語 근무처, 일자리

skin [skin] *n.* 피부, 살갗, 가죽, 피혁, 껍질, 回俗 구두쇠, 사기꾼, 俗語 사람, 놈, 圈 말, 回 목숨, 생명

skip [skip] *vt.* 뛰어다니다, 깡충뛰다, 재롱부리다, 급히 여행가다, 서둘러 가다, 훑어보다, 건너뛰다.

slave [sleiv] *n.* 노예

slavery [sléivəri] *n.* 노예제도, 노예의 신세, 예속, 고역

sled [sled] *n.* 썰매, 면화 따는 기계

slightly [sláitli] *ad.* 약간, 조금, 약하게, 가늘게

slogan [slóugən] *n.* (처세·사업·단체 등의) 슬로건, 모토, 표어

slum [slʌm] *n.* 빈민굴, 빈민가, 불결한 장소

snap [snæp] *vt.* 짤깍(툭) 소리내다, 콩 닫다, 왈칵 열다, 깨(덥썩)물다, 물어뜯다(채다), 잡아채다, 스냅 사진을 찍다.

soccer [sákər] *n.* 축구

social [sóuʃəl] *a.* 사회적인, 사교적인, 친목의, 동맹국간의, 사회주의의 ; *n.* 친목회, 사교 클럽

society [səsáiəti] *n.* 사회, 공동체, 사교

sociology [sòusiáləʤi] *n.* 사회학

socket [sákit] *n.* 꽂는 구멍, 소켓, 골프 클럽의 힘

soldier

stranger

soldier [sóuldʒər] *n.* 육군 군인, 병사, 사병, 용사 ; *vi.* 군인이 되다, 回일에 꾀를 부리다, 꾀병 부리다.

sole [soul] *a.* 단 하나의, 유일한, 독신의, 미혼의 ; *n.* 발바닥, 바닥, 밑창, 대패의 바닥

solemn [sáləm] *a.* 엄숙한, 신성한, 중대한

solemnly [sáləmli] *ad.* 장엄하게, 진지하게

solicitation [səlisətéiʃən] *n.* 간청, 간원, 귀찮게 졸라댐, 권유, 애걸복걸

solidarity [sùlədǽrəti] *n.* 결속, 일치, 단결, 연대, 공동일치, 연대 책임

solution [səlúːʃən] *n.* 녹임, 녹음, 해답, 해결, 설명

solve [sɔlv] *vt.* 풀다, 해결(해석)하다, 설명하다.

somehow [sʌ́mhàu] *ad.* 어떻게든지 해서, 그럭저럭, 아무튼

sophisticated [səfístəkèitid] *a.* 소박한 데가 없는, 닳고닳은, 야박한, 속임수를 쓴, 세련된, 기교적인

soul [soul] *n.* 영혼, 정신, 마음

source [sɔːs] *n.* 원천, 근원, 근본, 출처, 근거, 지급인

sovereign [sɔ́vrin] *n.* 주권자, 원수, 군수 ; *a.* 주권을 가진, 군주의, 독립의, 자주의, 최고(최상)의, 탁월한

special [spéʃəl] *a.* 특별한, 독특한, 전문의, 특별용의

specialist [spéʃəlist] *n.* 전문가, 전문의, 美空軍기술하사관 ; *a.* 전문적인, 전문가의

specialized [spéʃəlàizd] *a.* 전문의

specific [spisífik] *a.* 특유한, 일정한, 명확한, (약이) 특효 있는 ; *n.* 특효약, 특성, 특질 (*pl.*) 명세서

specifically [spisífikəli] *ad.* 특히, 명확하게

spectacular [spektǽkjulər] *a.* 구경거리의, 눈부신, 호화스런, 극적인

spectator [spékteitər] *n.* 구경꾼, 방관자, 관객

speculate [spékjuleit] *vi.* 사색하다, 추측하다, 깊이 생각하다, 투기하다, 투기 매매하다.

speculation [spèkjuléiʃən] *n.* 사색, 심사숙고, 성찰, 고찰, 공리, 공론, 억측, 추측, 투기

sped [sped] *v.* speed의 과거, 과거분사

spirit [spírit] *n.* 영혼, 망령, 유령, 정신, 마음, 기질, 원기, 활기, 시대정신, 사조, 기질, (수식어와 함께 …한 성격·기질의) 사람, 인물, 정력가, (*pl.*) 주정, 알코올

spit [spit] ¹*vt.* (침을) 뱉다, 토하다, 내뿜다 ; *n.* 침, 침 뱉기, 거품 ; ²*n.* 불꼬챙이, 쇠꼬챙이, 갑, 모래톱

spite [spait] *n.* 악의, 심술, 원한 ; *vt.* 심술부리다, 괴롭히다, 앙갚음하다. †**in ~ of** : …에도 불구하고, …을 무릅쓰고, 固…을 무시하고

splash [splæʃ] *vt.* (물·흙탕 등을) 튀기다, 더럽히다. ; *n.* 튀김, 물장구 침, 얼룩

splendid [spléndid] *a.* 화려한, 훌륭한, 뛰어난, 장한, 근사한

split [split] *vt.* 쪼개다, 찢다, 분리(분역)시키다, 이간시

키다, 분배하다.

sponsor [spónsər] *n.* 보증인, 후원자, 발기인, 광고주

spontaneously [spantéiniəsli] *ad.* 자발적으로, 자연히, 자연스럽게

spot [spat] *n.* 장소, 지점, 얼룩점, 반점, 얼룩, 흑점 ; *vt.* 더럽히다, 욕되게 하다, 발견하다.

spread [spred] *vt.* 펴다, 펼치다, 벌리다, 덮다, 살포하다, 유포시키다, 만연시키다, 준비하다, 연장하다, 전개시키다, 더욱 일으키다, 기록하다.

squadron [skwádrən] *n.* 《집합적》 美空軍비행대대, 陸軍기갑(기병) 대대, 海軍소함대, 전대(戰隊)

squalor [skwálər] *n.* 더러움, 치사함

stability [stəbíləti] *n.* 안정, 확고, 착실

stable [stéibl] ¹*a.* 안정된, 견실한, 착실한 ; ²*n.* 마구간, 외양간, 마부, 圈같은 매니저 밑에서 일하는 사람들

staff [stæf] *n.* 직원, 교직원, 간부

stage [steidʒ] *n.* 단계, 무대

stagger [stǽɡər] *vi.* 비틀거리다, 갈짓자 걸음을 걷다, 주저하다, 망설이다, 마음이 흔들리다. ; *vt.* 비틀거리게 하다, 흔들리게 하다, 동요시키다, 자신을 잃게 하다, 망연자실하게 하다. ; *n.* 비틀거림, 흔들거림

stagnation [stæɡnéiʃən] *n.* 침체, 정체, 불경기

standard [stǽndərd] *n.* 표준, 기준, 규격

starvation [staːvéiʃən] *n.* 아사, 기아, 궁핍

starve [staːv] *vi.* 굶어 죽다, 굶주리다, 몹시 배고프다, 단식하다, 갈망하다.

state [steit] *n.* 상태, 형편, 사정, 정세, 계급, 신분, 지위, 위엄, 장엄, 국가, 정부 ; *vt.* 진술하다, 말하다, 성명하다, (날짜 등을) 미리 정하다, 지정하다.

statement [stéitmənt] *n.* 진술, 말함, 성명, 文法진술문, 서술문, 會計계산서, 대차표, 奧제시

statue [stǽtʃuː] *n.* 상(像), 조상(彫像) †**the S~ of Liberty** : 자유의 여신상

status [stǽtəs] *n.* 지위, 신분, 사정, 사태

staunch [staːntʃ] *a.* (사람·주장 따위가) 신조에 철두철미한, 완고한, 충실한, (건물 따위가) 견고한, 튼튼한

steel [stiːl] *n.* 강철

stereotype [stériətàip] *n.* 정형, 상투적인 문구, 평범한 생각, 回스테로판, 연판(鉛版), 연관 제조

sternly [stáːrnli] *ad.* 엄격히, 엄하게

stimulation [stìmjuléiʃən] *n.* 자극, 흥분, 고무, 격려

stirring [stáːriŋ] *a.* 감동시키는, 고무하는, 바쁜, 붐비는

storm [stɔːm] *n.* 폭풍우, 큰비, 격정, 소동, 파란, 빗발, 우뢰, 軍강습, 급습

strange [streindʒ] *a.* 이상한, 별스러운, 모르는, 미지의, 생소한, 미숙한, 외국의, 이국의

stranger [stréindʒər] *n.* 낯선 사람, 손님, 방문자, 생소한 사람, 문외한, 圈제3자

strategic [strətí:dʒik] *a.* 전략의, 전략상의

strategy [strætidʒi] *n.* 전략, 전술, 계략, 술수

stream [stri:m] *n.* 흐름, 내, 시내, 개울, 유출, 흐름의 방향, 추세, 경향, 물결 ; *vi.* 흐르다, 흘러가다, 끊임없이 계속되다, (빛 등이) 비치다, (깃발 등이) 펄럭이다.

strengthen [stréŋkθən] *vt.* 강하게 하다, 증강하다, 튼튼하게 하다.

stretch [stretʃ] *vt.* 잡아늘이다, 펴다, 내뻗치다, 억지 해석하다, 확대하다, 이용(남용·과장·과장)하다. ; *n.* 뻗침, 긴장, 단숨, 과장, 남용

strife [straif] *n.* 투쟁, 다툼, 싸움, 경쟁

strive [straiv] *vi.* 노력하다, 힘쓰다, 얻으려고 애쓰다.

structure [strʌ́ktʃər] *n.* 건물, 구조물, 구조, 기구, 조직, 구성, 조립 ; *vt.* 구성하다, 조직하다, 조직화하다.

struggle [strʌ́gl] *vi.* 싸우다, 격투하다, 발버둥치다.

struggling [strʌ́gliŋ] *a.* 기를 쓰는, 분투하는, 투쟁하는, 발버둥치는

stun [stʌn] *vt.* 머리를 때려 (사람을) 기절시키다, 어리벙벙하게 하다, 대경실색케 하다.

stunt [stʌnt] [1]*vt.* 발육을 방해하다. ; *n.* 발육 저해 ; [2]*n.* 묘기, 곡예, 고등 비행, 이목을 끌기 위한 행위 ✝pull a~ : (때로 어리석은) 행동을 하다.

subject [sʌ́bdʒikt] *n.* 주제, 백성, 학과, 과제, 화제, 주어 ✝on the ~ : …라는 제목으로, …에 관하여 ; *a.* 지배를 받는, (영향을) 받기 쉬운, 조건으로서 …을 필요로 하는 ; *vt.* [səbdʒíkt] 종속(복종)시키다, …에게 싫은 일을 겪게 하다, 당하게 하다.

subside [səbsáid] *vi.* 가라앉다, 빠지다, 감퇴하다, 침전하다, 침묵하다, 침몰하다, 내려앉다.

subsidy [sʌ́bsədi] *n.* 보조금, 장려금, 보수금

substantial [səbstǽnʃəl] *a.* 실체의, 내용이 있는, 중요한, 가치 있는, 상당한, 본질적인 ; *n.* 본질, 요점

subtlety [sʌ́tlti] *n.* 예민, 민감, 교묘, 미묘

successful [səksésfəl] *a.* 성공한, 좋은 결과의, (시험에) 합격한, 운 좋은, 출세한

succession [səkséʃən] *n.* 연속, 계승, 상속(to)

suddenly [sʌ́dnli] *ad.* 갑자기, 별안간, 돌연히

suffer [sʌ́fər] *vi.* 고생하다, 앓다, 병들다. ; *vt.* 경험하다, 겪다, 견디다, 허용하다.

suffering [sʌ́fəriŋ] *n.* 고통, 괴로움, 수난, 피해, (종종 *pl.*) 재해, 재난

sufficiency [səfíʃənsi] *n.* 충분, 충족, 넉넉함, 固능력

sufficient [səfíʃənt] *a.* 충분한, 흡족한, 固 충분한 능력이 있는, 자격이 있는 ; *n.* 충분, 충분한 수량

sufficiently [səfíʃəntli] *ad.* 충분히, 충분할 만큼

suitable [sú:təbl] *a.* 적당한, 적절한

summit [sʌ́mit] *n.* 정상, 꼭대기

sunlight [sʌ́nlàit] *n.* 햇빛, 일광

sunset [sʌ́nsèt] *n.* 해넘이, 일몰, 해질녘, 저녁놀

superiority [supìəriɔ́:rəti] *n.* 우월, 탁월, 우위, 우세, 거만

support [səpɔ́:t] *vt.* 받치다, 부양하다, 유지하다, 지지하다, 힘을 북돋우다.

supporter [səpɔ́:tər] *n.* 지지자, 후원자, 부양자, 지지물, 돌보는 사람, 조연자

supportive [səpɔ́:tiv] *a.* 받치는, 부양하는, 협력적인

supreme [suprí:m] *a.* (S~) 최고 권위의, 최고의, 최상의, 극도의, 대단한, 최종의, 최후의 ; *n.* 최고도, 절정

surpass [sərpǽs] *vt.* …보다 낫다, …을 능가하다.

surprise [sərpráiz] *vt.* 불시에 치다, 기습하여 점령하다, 놀라게 하다, 경악케 하다. ; *n.* 놀람, 경악, 기습, 놀랄만한 사건, 뜻밖의 일

surprised [sərpráizd] *a.* 놀란

surprising [sərpráiziŋ] *a.* 놀라운, 의외의, 불시의

surrender [səréndər] *vt.* 항복하다, 자수하다, 넘겨주다, 인도하다, 양보하다, 포기하다, 해약하다.

surround [səráund] *vt.* 둘러싸다, 에워싸다.

surrounding [səráundiŋ] *n.* 환경, 주변, 주위, (*pl.*) 주변 사람들, 측근 ; *a.* 둘러싸는, 주변의, 주위의

survival [sərváivəl] *n.* 생존(자), 살아남음, 유물, 유풍

suspect [səspékt] *vt.* 짐작하다, 깨닫다, …이 아닌가 하고 생각하다, 의심을 두다.

suspicion [səspíʃən] *n.* 혐의, 의심

sustain [səstéin] *vt.* 떠받치다, 지탱하다, 지속하다, 유지하다, (…을) 고무(격려)하다, 기운을 내게 하다, 확증하다, 부양하다.

swear [swεər] *vi.* 맹세하다, 선서하다, 욕을 하다(at), 함부로 신의 이름을 말하다, 신의 이름을 더럽히다, 단언하다.

sweat [swet] *n.* 땀, 발한

sweater [swétər] *n.* 노동 착취자, 발한제, 스웨터

sweltering [swéltəriŋ] *a.* 무더운, 찌는 듯한, 더위 먹은, 더위에 지친, (부사적으로) 찌는 듯이

switch [switʃ] *n.* 회초리, 스위치, 꼭지, 마개, 전환, 변경 ; *vt.* 채찍질하다, 휘두르다, 바꾸다, 돌리다, 스위치를 넣다, 연결하다(on), 끊다(off), 교체하다.

symbolize [símbəlàiz] *vt.* 상징하다, 상징적으로 보다.

sympathy [símpəθi] *n.* 동정, 연민

Ｔ

tackling [tǽkliŋ] *n.* 붙잡고 방해함, 태클 동작

tactical [tǽktikəl] *a.* 전술적인, 전술상의, 수완이 좋은

talent [tǽlənt] *n.* 재능, 수완, 《집합적》 인재

tangible [tǽndʒəbəl] *a.* 만져서 알 수 있는, 실체적인, 명백한, 확실한, 유형의

taoist — **treaty**

taoist [táuist] *n.* 도교 신자 ; *a.* 도교의, 도교 신자의

task [tӕsk] *n.* 과제, 직무, 힘드는 일, 작업

tax [tӕks] *n.* 세, 세금, 무거운 부담 ; *vt.* 세금을 부과하다, 과세하다, 비난하다, 책정하다.

taxation [tӕkséiʃən] *n.* 과세, 세수, 图 소송비용사정

taxpayer [tӕkspèiər] *n.* 납세자, 납세의무자

tearing [tέəriŋ] *a.* (잡아) 찢는, 맹렬한

telling [téliŋ] *a.* 효과적인, 유효한, 인상적인, 드러내는

temperature [témpərəʃùər] *n.* 온도, 기온, 체온, 열, 고열, 발열 상태

temporary [témpərèri] *a.* 일시적인, 잠시의, 임시의 ; *n.* 임시고용, 임시 변통한 것

tendency [téndənsi] *n.* 경향, 추세, 풍조

term [təːrm] *n.* 술어, 용어, (*pl.*) 말투, (일정한) 기간, 조건, 조항, 규정 **†in terms of** : ⋯에 관하여, ⋯의 점에서(보면)

terminology [tə̀ːrmənálədʒi] *n.* 술어학, (특수한) 용어법, 《집합적》 술어, (전문) 용어

terror [térər] *n.* 공포, 무서움, 두려움, 테러, 공포정치

terrorism [térərìzm] *n.* 테러행위, 공포 정치

terrorist [térərist] *n.* 공포 정치가, 폭력주의자

terrorize [térəràiz] *vt.* 위협하다, 공포정책으로 지배하다, 테러 수단을 쓰다.

testimony [téstəmòuni] *n.* 증명, 고증

therefore [ðɛ̀ərfɔ́ː] *ad.* 그러므로

threat [θret] *n.* 위협, 협박 (*sing.*) 흉조, 조짐, 징후

threaten [θrétn] *vt.* 위협하다, 협박하다, ⋯할 우려가 있다.

threatened [θrétnd] *a.* 멸종할 위기에 직면한

thrill [θril] *n.* (공포·쾌감 등으로) 오싹, 스릴, 전율, 떨림, 진동 ; *vt.* 감동(감격·흥분)시키다, 오싹하게 하다, 떨게 하다.

thrive [θraiv] *vi.* 번영(성공·번성)하다, 무성해지다, 잘 자라다.

throat [θrout] *n.* 목구멍, 인후, 목소리

throughout [θruːáut] *ad.* (장소) 도처에, 온통 (시간) 시종일관하여

throw [θrou] *vt.* 내던지다, 투척하다, (어떤 상태에) 빠지게 하다, 만들다.

thrust [θrʌst] *vt.* (와락) 밀(치)다, 쑤셔 넣다, 떠밀다 (*into, forward*), 찌르다, 헤치고 나아가다, 억지로 ⋯ 시키다, (~oneself 형태로) 억지로(주제넘게) 끼어 들다. ; *n.* (와락) 밀침, 습격, 공격, 추진, 요점, 진의, 취지

thumb [θʌm] *n.* 엄지손가락 ; *vt.* 엄지손가락으로 넘기다, 되풀이하여 읽다, 훑어보다, 엄지손가락으로 만지다, 서투르게 연주하다.

tightly [táitli] *ad.* 단단히, 꽉

tinge [tindʒ] *n.* 엷은 색조, 기미, 냄새

toil [tɔil] [1]*n.* 노동, 수고, 고생 ; *vt.* 힘써 일하다, 수고하다, 고생하다. ; [2](보통 *pl.*) 그물, 올가미, 함정

tolerance [tálərəns] *n.* 관용, 관대, 포용력, 내구력

tolerate [táləréit] *vt.* 허용하다, 관대하게 다루다, 참다, 견디다, 내성이 있다.

tomb [tuːm] *n.* 무덤, 묘 ; *vt.* 매장하다.

tone [toun] *n.* 음조 (음성·음색), (종종 *pl.*) 어조, 논조, 말투, (사상·감정 등의) 경향, 풍조, (연설 등의) 품격, 图 색조, 농담, 명암 ; *vt.* 가락을 붙이다, (색을) 어떤 빛깔로 만들다.

torch [tɔːtʃ] *n.* 횃불

torpedo [tɔːpíːdou] *n.* 수뢰, 어뢰, 따충 ; *vt.* 수뢰(어뢰)로 공격(파괴)하다, (정책·제도 등을) 공격하여 무력하게 하다.

totally [tóutəli] *ad.* 전적으로, 아주

tough [tʌf] *a.* 거센, 강인한, 곤란한, 힘든

tournament [tə́ːrnəment] *n.* 토너먼트, 선수권 쟁탈전

trade [treid] *n.* 무역, 상업, 직업, 생업, 교환, 거래, 타협, 직업, (the ~s) 무역풍 ; *vt.* 교환하다, 매매하다, 팔아치우다. ; *vi.* 장사하다, 돈으로 거래하다, 교환하다, 이용하다, 화물을 나르다, 图 물건을 사다, 단골로 사다.

trading [tréidiŋ] *a.* 상업에 종사하는, 통상용의

tradition [trədíʃən] *n.* 전설, 전통

traditional [trədíʃənəl] *a.* 전설의, 전통의, 고풍의

traffic [trӕfik] *n.* 교통, 왕래, 사람, 자동차, 통화량, 운수, 무역, 상업, 교섭, 관계 ; *vi.* 매매하다, 거래하다, 교섭을 갖다. ; *vt.* 장사하다, 희생시키다.

tragedy [trӕdʒədi] *n.* 비극, 참사, 참극

trail [treil] *n.* 끌고 지나간 자국, 흔적, [미·캐나다] (황야 등의) 밟아 다져진 길, 오솔길, 산길, 작은 길

transform [trӕnsfɔ́ːm] *vt.* 변형시키다, 바꾸다.

transformation [trӕnsfɔ̀ːméiʃən] *n.* 전환, 변환

translation [trӕnsléiʃən] *n.* 번역

transmission [trӕnsmíʃən] *n.* 전달, 전염, 메시지, 방송, (전파 등의) 송신, 발신, (자동차의) 변속기

transparency [trӕnspέərənsi] *n.* 투명, 명백, 명료

transparent [trӕnspέərənt] *a.* 투명한, 명쾌한, 명백한, 솔직한

transport [trӕnspɔ́ːt] *vt.* 수송하다, 추방하다, 유배하다, 황홀하게 하다, 어쩔 줄 모르게 하다.

transportation [trӕnspərtéiʃən] *n.* 수송, 운송, (죄인의) 추방, 유형, 운송료, 운임

travel [trӕvəl] *vi.* 여행하다, 외관하다, 움직여가다, 이동하다, 나아가다. ; *n.* 여행, 여행기, 왕래, 교통

treat [triːt] *vt.* 대우하다, 취급하다.

treatment [tríːtmənt] *n.* 처리, 대우, 치료, 취급, 시나리오, 대본

treaty [tríːti] *n.* 조약(문), 맹약

tremendous *useless*

tremendous [triméndəs] *a.* 거대한, 지독한, 무시무시한, 중대한, 기막힌
tremendously [triméndəsli] *ad.* 무시무시하게, 굉장히, 아주
trend [trend] *n.* 방향, 기울기, 경향, 동향, 시대풍조 ; *vi.* 어떤 방향으로 쏠리다, 기울다, 향하다.
trial [tráiəl] *n.* 시도, 시험, 시련, 고난, 열의, 노력, 困공판, 재판 ; *a.* 시험적인, 예선의, 공판의, 예심의
tribulation [tribjuléiʃən] *n.* 가난, 고난, 시련(의 원인)
tribute [tríbjuːt] *n.* 공물, 연공, 세(稅), (감사·칭찬·존경 등의 표시로서의) 찬사, 증정물
tricky [tríki] *a.* 교활한, 간사한, 교묘한, 솜씨가 좋아야 하는, 기략이 풍부한
trigger [trígər] *n.* 방아쇠, 제동기, 유인, 자극
trillion [tríljən] *n.* 美1조(100만의 제곱) 英100경(100만의 3제곱) ; *a.* 1조의, 100경의
trip [trip] *n.* 여행, 항해, 헛디딤, 과실, 실언, 경쾌한 걸음걸이, 美·俗체조, 구류 ; *vi.* 걸려 넘어지다, 과오를 범하다, 경쾌한 걸음걸이로 걷다, 환각증상에 빠지다.
triumph [tráiəmf] *n.* 승리, 대성공, 업적, 공적, 성공의 기쁨, 개선식, 승리감
trodden [trɔːdn] *v.* tread(걷다, 밟다)의 과거분사
troop [truːp] *n.* 무리, 대(隊), 군대, 병력, 선거원 ; *vi.* 떼를 짓다, 무리를 지어 걷다, 교제하다, 패거리가 되다. ; *vt.* 중대로 편성하다, 수송하다.
trot [trɔt] *n.* 빠른 걸음, 속보, 총총 걸음 ; *vt.* (말 등이) 빠른(총총) 걸음으로 가다, 바쁘게(급히) 걷다.
trouble [trʌbl] *n.* 근심, 걱정, 고생, 수고
troublemaker [trʌ́blmèikər] *n.* 말썽꾸러기, 분쟁을 일으키는 자
true [truː] *a.* 진실의, 정말의, 진짜의, 성실한, 정확한, 조금도 틀림없는, 변하지 않는
trust [trʌst] *n.* 신임, 신용, 위(신)탁물, 보관, 기대, 확신
truth [truːθ] *n.* (*pl.* ~s[truːðz]) 진리, 참, 사실, 성실, 정말, 정직, 정확성
tuber [tjúːbər] *n.* 植괴경, 解결절, 병적 융기
turmoil [tə́ːrmɔil] *n.* 소란, 혼란, 소동
tyranny [tírəni] *n.* 전제정치, 포악, 횡포, 독재

U

ultimate [ʌ́ltəmət] *a.* 최후의, 최고의, 근원적인 ; *n.* 궁극의 것, 최후점, 최후의 수단, 최종단계 (목적·결과)
unable [ʌnéibl] *a.* 할 수 없는, 무력한, 약한, 무능한
unacceptable [ʌnækséptəbl] *a.* 용인할 수 없는, 마음에 들지 않는, 받아들이기 어려운
unanimous [junǽnəməs] *a.* 만장일치의, 이구동성의
unassailable [ʌnəséiləbl] *a.* 난공불락의, 공격할 수 없

는, 논박의 여지를 주지 않는, 확고한
unavoidable [ʌnəvɔ́idəbl] *a.* 피하기 어려운, 불가피한, 困무효로 할 수 없는
unbelievably [ʌnbəlíːvəbli] *ad.* 믿을 수 없을 정도로
unbeliever [ʌnbəlíːvər] *n.* (특히) 신앙이 없는 사람, 이교도, 회의론자(懷疑論者)
uncertain [ʌnsə́ːrtn] *a.* 불확실한, 모호한, 확신이 없는
uncertainty [ʌnsə́ːrtnti] *n.* 불확실성, 의심, 불안정, 불안
unconditional [ʌnkəndíʃənəl] *a.* 무조건의, 무제한의, 절대적인 ; 俚 ~ly *ad.* ; 俚 ~ness *n.*
undergrowth [ʌ́ndərgròuθ] *n.* 덤불, 풀숲, 잔털
undertaking [ʌ̀ndərtéikiŋ] *n.* 떠맡은 일, 사업, 기업, 일, 약속, 보증
unearned [ʌnə́ːrnd] *a.* 노력없이 얻은, 일하지 않고 얻은, (보수 등) 받을 일이 못되는, 과분한, 상대팀의 실수에 의한, 미수(未收)의
unemployment [ʌnimplɔ́imənt] *n.* 실직, 실업 상태
unforgivable [ʌnfərgívəbl] *a.* 용서할 수 없는
unfortunately [ʌnfɔ́ːʃənətli] *ad.* 불행하게도, 공교롭게도, 운수 나쁘게
unification [jùnəfikéiʃən] *n.* 통일, 단일화
universal [jùnəvə́ːrsəl] *a.* 만국의, 모든 사람의, 만인의, 보편적인, 전반적인, 만능의, 자유자재의, 우주의 ; *n.* 論전칭 명제, 哲일반 개념
unless [ənlès] *conj.* 만약 …이 아니면, …하는 일 없이는 ; *prep.* …을 제외하면, …이외는
unmindful [ʌnmáindfəl] *a.* 염두에 두지 않는, 내키지 않는, 잊기 쉬운, 부주의한, 관심없는, 개의치 않는
unmistakable [ʌnmistéikəbl] *a.* 틀림없는, 명백한
unparalleled [ʌnpǽrəlèld] *a.* 비할 바 없는, 견줄 나위 없는, 미증유의
unprecedented [ʌnprésədèntid] *a.* 전례가 없는, 전에 없던, 비할 바가 없는, 새로운, 신기한
unpredictable [ʌnpridíktəbl] *a.* 예언할 수 없는
unreservedly [ʌnrizə́ːrvidli] *ad.* 솔직히, 제한 없이
unselfish [ʌnsélfiʃ] *a.* 이기적이 아닌, 헌신적인, 사리사욕이 없는, 이타적인 俚 ~ly *ad.*
update [ʌpdéit] *vt.* 새롭게 하다, 갱신하다.
uphold [ʌphóuld] *vt.* 유지하다, 받들다, 지탱하다, 지지하다.
uproot [ʌprúːt] *vt.* 뿌리째 뽑다, 몰아내다, 근절하다.
upset [ʌpsét] *vt.* 당황하게 하다, 정신을 못차리게 하다.
urge [əːrdʒ] *vt.* 주장하다, 역설하다, 재촉하다, 몰아내다, 열심히 행하다, 강력히 추진하다, 자극하다, 도발하다. ; *n.* 충동, 압박, 자극, 압박
urgent [ə́ːrdʒənt] *a.* 긴급한, 다급한, 강요하는 ; *ad.* ~ly 긴급하게
useless [júslis] *a.* 쓸모없는, 무용한

validity [vəlídəti] *n.* 정당함, 타당성, 効효력, 합법성

valley [væli] *n.* 골짜기, 계곡, (큰 강의) 유역

valued [vǽljuːd] *a.* 존중되는, 귀중한

vanish [vǽniʃ] *vt.* 사라지다, 없어지다(*into*), (빛깔이) 희미해지다, 소멸하다.

variety [vəráiəti] *n.* 변화, 불일치, 갖가지, 종류, 품종

various [véəriəs] *a.* 가지각색의, 여러 가지의, 다방면의, 변화가 풍부한, 여러, 많은

veil [veil] *n.* 베일, 면사포, 덮개, 장막, 가면, 핑계

versus [vɔ́ːrsəs] *prep.* 文語 …대, …와 대비하여

veteran [vétərən] *n.* 노련가, 경험 많은 대가, 베테랑, (특히) 노병, 美퇴역(재향)군인(美ex-serviceman) ; *a.* 노련한, 많은 경험을 쌓은, 美퇴역군인의, 美오래 써서 낡은

viable [váiəbl] *a.* 생존가능한, 존립할 수 있는

vibrant [váibrənt] *a.* 진동하는, 떨리는, 약동하는, 고동치는, 스릴 있는 ; *n.* 유성음

victim [víktim] *n.* 희생(자), 산 제물, 피해자, 조난자, 이재민, (사기꾼 등의) 밥, 먹이

victorious [viktɔ́ːriəs] *a.* 승리를 거둔, 의기양양한, 전승의, 승리를 나타내는 ⑩~ly *ad.*

victory [víktəri] *n.* 승리, 전승, 정복, 극복

vigilance [víʤələns] *n.* 경계, 불침번, 조심

village [vílidʒ] *n.* 시골, 촌락, 《집합적》 마을 사람들

villager [vílidʒər] *n.* 마을 사람, 시골 사람

vindication [vìndəkéiʃən] *n.* (명예·요구 등의) 옹호, 변명, 해명

violate [váiəléit] *vt.* 위반(위배)하다, 범하다, 文語…의 신성을 더럽히다, 노하게 하다, 자극하다, 방해하다, 침해하다, (여자를) 강간하다, 능욕하다.

violation [vàiəléiʃən] *n.* 위반, 위배, 文語방해, 침해, (신성) 모독(*of*), 강간, 폭행

violence [váiələns] *n.* 폭력, 난폭

violent [váiələnt] *a.* 격렬한, 맹렬한, 난폭한, 폭력에 의한, 폭력적인, 격정에 의한, 광폭한, 격분한

visible [vízəbl] *a.* 눈에 보이는, 명백한, 방문자를 면회할 수 있는, 활동이 눈에 띄는, 시각적으로 표시된 ; *n.* 눈에 보이는 것, 품목, 제품, 물질(세계), 현세

vision [víʒən] *n.* 시력(sight), 시각, 시야, (관사 없이) 상상력, 직감력, 통찰력, 관찰력, 미래상, 비전, 눈에 비치는 것, 모양, 광경, 목격, 환상, 환영, 몽상

visionary [víʒənəri] *a.* 환영의, 꿈같은, 실현 불가능한, 망상적인, 예언력이 있는 ; *n.* 공상가, 꿈꾸는 사람

visitor [vízitər] *n.* 방문객, 유람객, 관광객, 원정군

vital [váitl] *a.* 생명의, 생생한, 생기에 넘치는, 극히 중대한, 절대 필요한, 치명적인, 인구에 관한 ; *n.* (*pl.*) 생명

유지에 필수적인 기관, 생식기

vitality [vaitǽləti] *n.* 생명력, 활력, 활기, 정력, 생기

vivid [vívid] *a.* 생생한, 발랄한

voice [vɔis] *n.* 목소리, 음성, 가수, 발성법, 발언(권), 투표권, 희망, 文法(동사의) 태

voluntarily [vàləntérəli] *ad.* 자유의사로, 자발적으로

volunteer [vàləntíər] *n.* 지원자, 독지가, 지원병, 困임의 행위자 ; *vt.* 자진하여 하다, 자발적으로 말하다.

vote [vout] *n.* (발성·거수·기립·투표 용지 등에 의한) 투표, 표결, 의결(권), 투표 용지 ; *vi.* 투표하다, 回제안하다, 의사표시를 하다.

voter [vóutər] *n.* 투표자, 유권자, 선거인

vow [vau] *n.* 맹세, 서약, 서원 ; *vt.* (엄숙히) 맹세(서약)하다, 단언하다.

wage [weidʒ] *n.* (*pl.*) 임금, 품삯, 노임 ; *vt.* (전쟁 등을) 수행하다, 유지하다.

waistcoat [wéistkòut] *n.* 英양복 조끼(美vest)

wake [weik] *n.* 지나간 자국, 흔적 ; *vi.* 잠에서 깨어나다, 눈을 뜨다.

wallow [wálou] *vi.* (모래·수렁·물 등의 속에서) 뒹굴다, 몸부림치다, (배가) 흔들리며(삐걱거리며) 나아가다, (주색에) 빠지다, 탐닉하다. ; *n.* 뒹굴기, 빠짐, 탐닉

wanderer [wándərər] *n.* 돌아다니는 사람, 방랑자

warhead [wɔ́ːhèd] *n.* (미사일·어뢰 등의) 탄두

warm [wɔːm] *a.* 따뜻한, 온난한, 더운, 열렬한, 열심인, 활발한, 열광적인, 온정(인정)이 있는, (색 등이) 따뜻한 느낌을 주는, 자취(짐승이 남긴 냄새나 자국이) 생생한

warranty [wɔ́ːrənti] *n.* 근거, 보증, 보증서, 담보

warrior [wɔ́riər] *n.* 전사, 무인, 고참병, 용사

watchword [wɔ́ːtʃwɔ́ːrd] *n.* 암호, 슬로건, 표어

wattle [wɔ́tl] *n.* 욋가지, 아랫변, 늘어진 살 ; *vt.* (울타리·벽 등을) 욋가지로 엮어 만들다.

wave [weiv] *n.* 파도, 물결, 물결무늬 ; *v.* 흔들다, 신호하다, 파도치다, 물결치다.

weakness [wíːknis] *n.* 약함, 가냘픔, 우유부단, 불충분, 약점, 결점, 편애

weapon [wépən] *n.* 무기, 병기 ; *vt.* 무장하다.

weary [wíəri] *a.* 지친, 피곤한, 싫증이 난, 지루한, 따분한 ; *vt.* 지치게 하다, 싫증나게 하다, 권태를 느끼다, 그리워하다, 갈망하다.

weep [wiːp] *vi.* 눈물을 흘리다, 울다, 슬퍼하다, 한탄하다, 물기를 내다, (상처가) 피를 흘리다.

weeping [wíːpiŋ] *a.* 우는, 눈물을 흘리는 ; *n.* 울음

weight [weit] *n.* 무게, 중량, 체급, 부담, 중요성 ; *vt.* …에 무게를 가하다, 무겁게 하다, …에게 과중한 부담

welfare   *zone*

을 지우다, 괴롭히다, 압박하다(down).

welfare [wélfɛər] *n.* 복리, 행복, 美생활보호(美social security)

western [wéstərn] *a.* 서쪽의, 서방측의, (W~) 미국 서부의, 서양의

whisper [ʰwíspər] *vi.* 속삭이다, 험담하다, (바람·시냇물·나뭇잎 등이) 살랑거리다. ; *n.* 속삭임, 소문, 기미

whole [ʰoul] *a.* 전체의, 모든, 완전한, 흠 없는, 꼬박, 꼭 ; *n.* (the) 전부, 전체, 완전체, 통일체

widespread [wáidsprèd] *a.* 펼친, 보급된, 넓게 펼쳐진

willful [wílfəl] *a.* 일부러의, 고의의, 고집 센

willing [wíliŋ] *a.* 기꺼이 …하는, 즐겨하는, 자진해하는, 자발적인, 순조로운, 알맞은

willingness [wíliŋnis] *n.* 쾌히(자진하여) 하기, 기꺼이 하는 마음

wing [wiŋ] *n.* 날개, 팔, 비행, 비상, 새, 화살의 깃, 당파

winged [wiŋd] *a.* 날개있는, 날 수 있는, 날개를 다친, 신속한, 빠른

winner [wínər] *n.* 승리자, 우승자, 수상자, 입상자

wire [waiər] *n.* 철사, 전선, 케이블, 전신, 전보

wisdom [wízdəm] *n.* 현명, 지혜, 분별, 학문, 지식, 금언, 명언, 《집합적》 현인, 현자

wise [waiz] *a.* 슬기로운, 현명한, 지각이 있는, 깨달은

withdrawal [wíðdrɔ́ːəl] *n.* 물러남, 뒤로 물림, 인출, 회수, 취소, 철회, 철수, 철퇴, 퇴학

wolf [wulf] *n.* 이리, 늑대

wonder [wándər] *n.* 경탄, 경이, 놀라움 ; *vi.* 이상하게 여기다, (…에) 놀라다, 경탄하다.

wood [wud] *n.* 나무, 재목, 목재, (*sing.* 또는 *pl.*) 숲

worship [wɔ́ːrʃip] *n.* 예배, 숭배, 존경, 명예, 존경 ; *vt.* 예배하다, 숭배하다, 열애하다.

worthy [wɔ́ːrði] *a.* 가치 있는, 존경할 만한, 훌륭한, 덕망이 있는, 적당한, 상당한, …하기에 족한 ; *n.* 명사, 훌륭한 인물, 사람, 양반

wound [wuːnd] *n.* 상처, 부상

wrongdoing [rɔːŋdúːiŋ] *n.* 나쁜 짓 하기, 나쁜 행위, 비행, 죄, 범죄

wrung [rʌŋ] *v.* wring의 과거, 과거분사 ; *a.* (쥐어) 짠, 비튼, 괴로움에 짓눌린

yearn [jəːrn] *vi.* 동경하다, 사모하다, 그리워하다.

yield [jíːld] *vt.* (작품·제품 등을) 산출하다, 내다, (이자·이익 등을) 가져오다, 낳다, (결과 등을) 초래하다, 야기하다, 양보하다, 내주다, 포기하다, 지다, 굴복하다.

yoke [jouk] *n.* 멍에, 속박, 굴레, 지배, 권력, 멍에 모양의 것, (블라우스·스커트의) 허리, 요크, 어깨

yonder [jándər] *ad. a.* 저곳에, 저쪽에 ; *pron.* 저기에 있는 물건

Z

zeal [ziːl] *n.* 열심, 열중, 열의

zone [zoun] *n.* 지대, 지역, 구역, 구간 ; *vt.* (띠 모양으로) 두르다, 감다, (장소를) 지역으로 나누다(구획하다).

모범번역

for Grade-1st, 2nd, 3rd

Grade -1st

IPTR101 : 저 Lyndon B. Johnson은 성실하게 미합중국 대통령직을 수행하고, 능력이 닿는 한 최선을 다해 미합중국의 헌법을 보존하고, 보호하고, 수호할 것을 엄숙하게 맹세합니다.

IPTR102 : 어떤 사냥개 한 마리가 뼈다귀를 발견하고는 그것을 입에 단단히 물었습니다. 그는 그것을 빼앗아가려는 누구에게나 으르렁대며 노려보았습니다. 그는 자기의 귀중한 것을 묻어 숨기기 위해 숲 속으로 들어갔습니다. 그는 개울에 도착하여 개울을 건너면서, 다리를 지나가다가 우연히 물 속을 바라보았습니다. 그는 물에 비친 자신의 모습을 보았던 것입니다. 더 큰 뼈다귀를 갖고 있는 다른 개라고 생각한 그는 으르렁대며 그를 노려보았습니다. 물 속의 개도 으르렁대며 그를 노려보았습니다.

그 욕심많은 개는 "내가 저 뼈다귀도 가져야겠다"고 생각하고서는 물 속에 비친 모습을 그의 날카로운 이로 물었습니다. 아차, 그가 물기 위해 입을 열자마자, 그가 가지고 있던 큰 뼈다귀가 물방울을 튀기며, 사라져버렸습니다.

IPTR103 : 옛날에 마을의 양들을 돌보며 산등성이에 앉아 지루해하던 한 양치기 소년이 있었습니다. 크게 심호흡을 한 후 재미삼아 큰 소리로 외쳤습니다. "늑대다!, 늑대다!, 늑대가 양들을 쫓고 있어요!" 마을 사람들이 그 소년을 도와 늑대를 몰아내기 위해 언덕으로 달려 올라왔습니다. 하지만 그들이 언덕 위에 도착해보니, 늑대가 없음을 알았습니다. 그 소년은 그들의 성난 얼굴을 보며 웃었습니다. "늑대가 안 왔는데도, 왔다고 외치지 마라, 양치는 소년아"라고 마을 사람들은 말했습니다. 그들은 투덜거리며 언덕 아래로 내려갔습니다.

잠시 후, 그 소년은 "늑대다!, 늑대다!, 늑대가 양들을 쫓고 있어요!"라고 다시 외쳤습니다. 장난에 재미를 붙인 그 소년은 마을 사람들이 그를 도와 늑대를 몰아내기 위해 언덕으로 달려 올라오는 것을 바라보았습니다. 마을 사람들은 늑대가 없음을 알고 엄하게 말했습니다. "정말 잘못되었을 때가 아니면 그런 소리는 하지 말아라. 늑대가 없는데, 늑대라고 외치면 안된다" 하지만 그 소년은 히죽거리기만 하며 그들이 투덜거리며 다시 언덕 아래로 내려가는 것을 바라보았습니다.

한참 후, 그는 그의 양떼 주위를 어슬렁거리는 진짜 늑대를 보았습니다. 깜짝 놀라 후다닥 일어나서 그는 온 힘을 다해 "늑대다!, 늑대다!"라고 외쳤습니다. 그러나 마을 사람들은 그가 다시 그들을 놀리려 한다고 생각하고, 오지 않았습니다.

해질 무렵, 모든 사람들은 양치기 소년이 그들의 양을 데리고 마을로 돌아오지 않는 것을 이상하게 생각하였습니다. 그들은 그 소년을 찾으러 언덕 위로 올라갔습니다. 그들은 울고 있는 그를 발견하였습니다. "진짜로 늑대가 여기에 왔단 말이에요! 양떼는 흩어졌어요. 나는 "늑대야!"라고 외쳤는데, 모두들 왜 오지 않았어요?"

마을로 돌아가는 길에 한 노인이 위로하였습니다. 그 소년의 어깨에 손을 얹었으며, 말했습니다. "아침에 잃어버린 양떼를 찾을 수 있도록 우리가 도와주마. 거짓말쟁이는 그가 진실을 말한다고 해도, 믿을 사람이 아무도 없단다."

IPTR104 : 아주 아주 오래 전
바닷가의 한 왕국에
당신도 알고 있을지 모르는
애너벨리라는 이름의 처녀가 살았습니다.
날 사랑하고 내 사랑을 받는 것 외에는
다른 어떤 생각도 없이 살았던 아가씨

바닷가 이 왕국에
그녀도 어린 아이, 나도 어린 애
하지만 우리는 그 어떤 사랑보다 더 큰 사랑으로
서로 사랑을 했지요, 나와 애너벨리는
하늘의 날개달린 천사들도
그녀와 나를 부러워할 정도로

바로 그것 때문, 오래전
바닷가 이 왕국에
깊은 밤 먹구름으로부터 불어온 한 줄기 바람에
나의 애너벨리를 싸늘하게 한 것은.
그래서 대갓집 태생이던 그녀의 일가 친척들이
그녀를 내게서 빼앗아 가버렸습니다.
그리고 바닷가 이 왕국의
무덤 속에 그녀를 가둬버렸습니다.

천국에서 절반도 행복하지 못했던 천사들이
그녀와 나를 시기하게 된 것이지요.
맞아요! 바로 그런 이유 때문에
(바닷가 이 왕국에선 누구나 다 알지요)
먹구름으로부터 차갑게 불어온 바람으로
내 애너벨리를 죽게 하고야 말았습니다.

하지만 우리의 사랑은
나이먹은 사람들, 더 똑똑한 사람들의 사랑보다
훨씬 더 강했지요.
저 하늘의 천사들이나 바다밑 물귀신들도
아름다운 애너벨리의 영혼과
내 영혼을 떼어놓을 수는 없었습니다.

달만 뜨면 언제나 찾아드는
어여쁜 애너벨리의 꿈,
별만 뜨면 항상 보이는
애너벨리의 밝은 눈동자

그래서 밤새도록 나의 애인, 나의 사랑,
나의 목숨, 나의 색시 곁에 누워있지요.
바닷가 그녀의 무덤 속에,
바닷가 그녀의 잠자리에

IPTR105 : 한 암살자의 총알은 대통령직이라는 엄청난 짐을 억지로 저에게 떠맡기고 있습니다. 저는 여러분의 도움이 필요하다는 것을 말하기 위해 오늘 여기에 섰습니다. 저는 이 부담을 홀로서 감당할 수 없습니다. 저는 모든 미국인들, 모든 미국의 도움이 필요합니다. 이 나라는 심각한 충격을 경험하였습니다. 그리고 이 위기의 순간에 불안정과 의심과 지체를 제거하는 것, 우리가 중대한 결정을 할 수 있다는 것, 우리의 지도자를 잃어버렸다는 그 잔인한 현실에서 우리가 나약함이 아니라 강함을 이끌어낼 것이라는 것, 우리는 지금 실행에 옮길 수 있고, 옮길 것이며, 실행하고 있다는 것을 보여주는 것은 여러분과 미합중국 정부로서의 저, 우리의 의무입니다.

IPTR106 : 위대한 사회는 모든 어린이가 자신의 마음을 살찌우고 자신의 재능을 키울 수 있는 지식을 발견할 수 있는 곳입니다. 그곳은 지긋지긋하고 불안하기만한 무서운 주의, 주장이 아니라 수양과 반성할 수 있는 여가를 마음대로 쓸 수 있는 곳입니다. 그곳은 사람이 사는 도시가 신체적인 필요와 상업적인 요구뿐만 아니라 미적인 욕망과 공동체의 갈망까지 충족시키는 곳입니다.
그곳은 사람이 자연과의 접촉을 새롭게 할 수 있는 곳입니다. 그곳은 창의력이 인간에 대한 이해에 추가시켜주는 것 때문에 그리고 창의력 그 자체를 위해 창의력을 존중하는 곳입니다. 그곳은 상품의 양보다는 그 목적의 질에 사람들이 더 관심을 갖는 곳입니다.
그러나 무엇보다도 위대한 사회는 안전한 피난처나 휴식의 장소라든가 최종적인 목표 또는 완성된 작업이 아닙니다. 그것은 우리 삶의 의미가 우리 노동의 놀라운 생산물들과 조화를 이루는 어떤 운명에로 우리를 손짓하여 부르는, 끊임없이 새로워지는 도전입니다.

IPTR107 : 친애하는 동포들과 동료 여러분 :
오늘밤 저의 유일한 의무는 모든 미국인들에게 말하는 것입니다.
오늘 아침 4시 30분 이전에 저는 요행을 바라며 어떤 기적이 유럽에서의 파괴적인 전쟁을 막아주고 독일에 의한 폴란드 침공을 끝내주기를 기원하였습니다.
4년 동안 계속된 실제적인 전쟁과 끊임없는 위기들이 온 세상을 뒤흔들었으며, 각 사건들이 오늘날 불행하게도 사실로 드러난 거대한 충돌을 가져올 것으로 위협하였습니다.
이러한 위기를 맞이하여 여러분의 정부가 평화라는 대의 명분에 미합중국의 총력을 기울이기 위해 일관되고도 때로는 성공적인 노력을 하였다는 것을 상기시키는 것은 온당합니다. 확산되는 전쟁에도 불구하고, 비록 그 때가 아득해 보일지라도 언젠가는 불가가 된 인간애에 우리는 더 큰 도움을 줄 수 있을 것이기 때문에 근본적인 도덕, 종교의 가르침, 평화를 복구하기 위한 계속적인 노력을 국가의 정책으로 유지해야 할 모든 권리와 온갖 이유가 있다고 저는 생각합니다.

IPTR108 : 부통령 각하, 하원의장, 상원과 하원의 의원 여러분, 우리가 치욕 속에 살게 될 날인 어제 1941년 12월 7일, 미합중국은 일본 제국의 해군과 공군에 의해 불의의 고의적인 공격을 받았습니다.
미합중국은 일본과 평화롭게 지냈으며, 일본측의 간청으로 태평양의 평화 유지를 기대하면서 일본 정부 및 그 황제와 함께 아직 대화 중에 있었습니다. 미국의 Oahu 섬에 일본 공군 비행대가 폭탄투하를 개시한 지 사실상 한 시간 후에 미합중국의 일본대사와 그의 동료들은 최근의 미국의 서신에 대하여 공식적인 답변을 우리의 국무장관에게 전달하였습니다. 그리고 그 답변 중에는 기존의 외교적인 교섭을 계속할 필요가 없을 것 같다는 언급이 있었지만, 그것은 아무런 전쟁이나 무장 공격에 대한 위협이나 암시도 없었습니다.
그것은 일본으로부터 하와이까지의 거리로 볼 때 그 공격이 여러 날 혹은 수주 전에 고의적으로 계획되었음이 분명하다는 것을 알려줍니다. 그러는 동안 일본 정부는 지속적인 평화에 대한 희망의 표현과 거짓 진술로 미합중국을 속이려 고의로 애썼습니다.
하와이 군도에 대한 어제의 공격은 미국의 해군과 육군에 심각한 손상을 입혔습니다. 저는 정말 많은 미국인들의 생명이 희생되었다는 것을 여러분에게 말하게 되어 유감입니다. 게다가 미국의 함선들이 San Francisco와 Honolulu 사이의 공해상에서 어뢰공격을 받은 것으로 보고되었습니다.

IPTR109 : 내가 곤경에 처해 있음을 알았을 때
어머니께서 다가와 지혜의 말씀을 주셨지요.
"그대로 두거라"라고.

어둠의 시간 속에서도
어머니는 바로 내 앞에 서서
지혜의 말씀을 주셨지요. "그냥 그대로 두거라"라고.

"그냥 그대로 두거라," "그냥 그대로 두거라"

지혜의 말씀을 속삭여 주었지요. "순리에 맡기거라."

세상을 살아가는
상심한 사람들이
서로 화합할 때,
해답이 있을 거예요.
순리에 맡겨요.

헤어짐을 겪어야 할지라도
(서로) 만날 기회가 여전히 있기 때문에
해답이 있을 거예요,
순리에 맡겨요.

순리에 맡겨요, 순리에 맡겨요
순리에 따르면, 해답이 있어요.
순리에 맡겨요, 순리에 맡겨요
지혜의 말씀이 속삭여 줍니다. "순리에 맡겨요."

순리에 맡겨 그대로 두세요, 순리에 맡겨 그대로 두세요.
지혜의 말씀이 속삭여 줍니다. "그대로 두거라"라고.

구름이 덮인 밤일지라도
다음 날이 밝을 때까지
나를 밝혀주는 등불은 여전히 있어요.
"순리에 맡기면."

음악 소리에 잠에서 깨어나니
어머니께서 내게 다가와
지혜의 말씀을 주셨지요. "순리에 맡기거라."

순리에 맡겨 그대로 두세요, 순리에 맡겨 그대로 두세요.
순리에 따르면, 해답이 있을 겁니다.
순리에 맡겨 그대로 두세요, 순리에 맡겨 그대로 두세요.
지혜의 말씀이 속삭여 줍니다. "순리에 따르세요."

IPTR110: 요즘 공화당 연설의 모든 목적은 당명을 바꾸는 것인 것처럼 보입니다. 목적은 1929년의 파멸과 불황이 민주당에 책임이 있으며 New Deal 하에서 이루어진 모든 사회적인 발전은 공화당의 공로라고 미국 국민들을 설득하는 것입니다.

오늘날, 모방은 아첨의 가장 성실한 형태가 될지도 모르지만, 이 경우 저는 모방이 가장 명백하게 혼해빠진 사기의 변종이라고 생각합니다.

물론, 공화당에 계몽된 자유주의적 집단이 존재한다는 것은 명백한 사실입니다. 그리고 그들은 공화당을 현대화하고, 공화당으로 하여금 미국 발전의 전진하는 행진과 보조를 맞게 하기 위해 열심히 그리고 명예롭게 분투해왔습니다. 그러나 이러한 자유주의적인 집단은 시대에 뒤진 공화당 수호자들을 그들의 철옹성 같은 지위로부터 몰아낼 수 없었습니다.

New Deal처럼 시대에 뒤떨어진 수호자들이 스스로 동의하게 할 수 있을까요? 저는 그럴 수 없다고 생각합니다.

우리 모두는 곡마단에서 많은 믿기 어려운 묘기들을 보아왔습니다만, 하지만 어찌할 바를 모르며 완전히 실패하는 일 없이 재주넘기를 연기하는 코끼리는 없었습니다.

제가 여러분을 마지막으로 본 이후의 그 4년으로 밀어 넣어지던 그 역사적인 세월들을 여러분에게 자세히 말할 필요는 없습니다.

의회 안팎에서 1939년 전후에 우리의 방어준비에 반대하는 목소리를 높였던, 즉 동맹국에 대한 우리의 지원을 도발적이며 위험하다고 반대하며 외쳐댔던 히스테리컬한 전쟁반대론자로서 우리의 방어준비를 반대하고, 그 방어준비에 반대하는 목소리를 높였던 사람들이 있었습니다. 우리는 그 목소리를 기억합니다. 그들은 지금 우리가 그것을 잊었기를 바랄 것입니다. 그러나 그것은 오래된 것으로 보이지만 1940년과 1941년, 그들은 크게 외쳐댔습니다. 다행히도 그들은 소수파였고, 우리에게나 세계적으로나 운 좋게도 그들은 미국을 막을 수 없었습니다.

IPTR111: 선언서 — 희생과 헌신을 통해 그리고 하나님의 가호를 받아 연합군은 독일을 압박하여 최종적이며 무조건적인 항복을 받아냈습니다. 5년 이상이나 자유의 몸으로 태어난 수백만의 사람들을 감금하고 생명을 파괴해온 악의 세력으로부터 서방 세계는 해방되었습니다. 그들은 그들 교회의 신성을 모독하였으며, 그들의 가정을 파괴하고, 그들의 어린이들을 타락시켰고 그리고 그들이 사랑했던 사람들을 살해하였습니다. 우리의 해방군대는 그 압제자들이 결코 노예화할 수 없었던 정신과 의지를 가진 고통받는 사람들에게 자유를 회복해주었습니다.

해야할 많은 일들이 남아있습니다. 서부 전선에서 얻어진 승리는 곧 동부전선에서 얻어진 것이 되어야만 합니다. 모든 세계에서 악은 제거되어야 하는데, 절반의 세상은 이미 그 악으로부터 해방되었습니다. 연합한, 평화를 사랑하는 국가들은 그들의 무기가 한때는 우리를 온순하고 약하다고 했던 독재자들의 권력이나 군벌들의 전제정치보다 훨씬 더 강하다는 것을 서방 세계에서 증명해왔습니다. 모든 적들에 대항하여 스스로를 지키려했던 우리 국민들의 힘은 유럽에서 증명되었던 것처럼 태평양의 전쟁에서 증명될 것입니다.

우리가 획득한 정신과 무기의 승리 때문에 그리고 자유를 사랑하여 우리편에 가담한 도처의 국민들에게 한 약속 때문에 하나의 국가(국민으)로서의 우리가 우리를 강건케 하고 우리에게 승리를 주신 전지전능하신 하나님께 감사를 드리는 것은 마땅한 일입니다.

IPTR112: 공산주의는 인간은 너무도 나약하고 부족해서 스스로를 다스릴 수 없으며 그래서 강한 지배자의 통치를 필요로 한다는 믿음에 근거합니다.

민주주의는 인간은 이성과 정의로 스스로를 다스릴 수 있는 양도할 수 없는 권리뿐만 아니라 도덕적이며 지적인 능력을 갖고 있다는 확신에 기초를 두고 있습니다.

공산주의는 개인으로 하여금 합법적인 이유없이 체포당하게 하고, 재판없이 처벌받게 하며, 국가 재산으로서 강요된 노동을 하게 만듭니다. 그것은 사람이 어떤 정보를 받아들여야 하는 지, 무슨 예술을 생산해야 하는 지, 어떤 지도자를 따라야 하는 지, 무슨 생각을 해야 하는지를 법령으로 정합니다.

민주주의는 정부가 개인의 이익을 위해 설립되었으며, 개인의 권리와 그가 능력을 발휘할 자유를 보호할 책임을 지우고 있다고 주장합니다.

공산주의는 사회악은 오로지 폭력에 의해서만이 고쳐질 수 있다고 주장합니다.

민주주의는 평화적인 변화를 통해 사회의 정의가 달성될 수 있다는 것을 증명해왔습니다. 공산주의는 세계는 적대적인 계급들로 너무 깊이 갈라져 있어 전쟁은 불가피하다고 생각합니다.

민주주의는 자유국가들이 분쟁을 정당하게 해결할 수 있으며 항구적인 평화를 유지할 수 있다고 주장합니다.

공산주의와 민주주의 사이의 이러한 차이점들은 오직 미합중국에만 관련된 것이 아닙니다. 모든 곳의 사람들이 그 차이점들에 포함된 것은 물질적인 복지, 인간의 존엄성, 그리고 하나님을 믿고 경배할 수 있는 권리라는 것을 깨달아가고 있습니다.

저는 믿음의 문제 그 자체를 제기하려 함이 아니라 공산주의 철학으로부터 도출되는 행동들이 세계의 복구와 영원한 평화를 가져오려는 자유국가들의 노력에 위협이 되기 때문에 이러한 차이점들을 말합니다.

IPTR113: 연합 원정군의 육해공군 장병 여러분: 여러분은 십자군 전쟁에 착수하려고 하는데, 우리는 이를 위해 수개월 동안 노력을 해왔습니다. 세계의 이목이 여러분을 주시하고 있습니다. 전 세계의 자유를 사랑하는 사람들의 희망과 기도가 여러분과 함께 할 것입니다. 다른 전선의 전우와 용맹스런 동맹군과 함께 여러분은 독일의 전쟁 기계의 파괴, 유럽의 국민들을 억압하고 있는 독일 전제 정권의 제거, 자유 세계에 있는 우리 모두의 안전을 확보해야 할 것입니다.

여러분의 임무는 수월한 것이 아닐 것입니다. 여러분의 적은 잘 훈련되고, 잘 갖추어져 있으며 전투 경험으로 단련되어 있습니다. 적들은 처절하게 저항할 것입니다.

그러나 금년은 1944년입니다. 1940년에서 41년까지 나치가 승전한 이래로 많은 일들이 일어났습니다. 연합국은 야외 전투에서 백병전으로 독일에 큰 패배를 안겼

습니다. 우리 공군의 공격은 그들의 공군력과 지상에서의 전쟁 수행능력을 크게 약화시켰습니다. 우리의 조국 후방전선에서는 우리에게 압도적으로 우월한 무기와 군수품을 제공해왔으며, 언제라도 투입할 수 있는 훈련된 예비병력을 준비해두고 있습니다. 대세는 전환되었습니다! 전 세계의 자유로운 사람들은 승리를 향해 함께 행진하고 있습니다!

저는 여러분의 용기와 임무에 대한 헌신과 전투 능력에 대하여 완벽한 확신을 가지고 있습니다. 우리는 완벽한 승리 외에는 아무 것도 인정하지 않을 것입니다!

행운을 빕니다. 그리고 이 위대하고 고귀한 임무를 수행하는 우리 모두에게 전지전능하신 하나님의 축복이 함께 하기를 간구합니다.

IPTR114: 행복은 단순히 돈의 소유에 달려 있는 것이 아닙니다. 그것은 성취의 기쁨과 창조적인 노력의 전율에 달려 있습니다.

일의 기쁨과 도덕적인 자극이 덧없는 이익의 미친 듯한 추구에 빠져 더 이상 잊혀져서는 안됩니다. 만일 암울한 날들이 우리의 참된 운명은 봉사를 받는 것이 아니라 우리 스스로와 우리 동료들에게 봉사하는 것이라는 점을 우리에게 가르쳐준다면, 이 암울한 날들은 그것들이 우리에게 치르게 한 모든 대가만큼의 가치가 있을 것입니다.

물질적인 부를 성공의 기준으로 여기는 허위성을 인정한다는 것은 공직과 높은 정치적인 지위가 자리의 위세와 개인적인 이득이라는 기준에 의해서만 평가되어야 한다는 잘못된 믿음의 포기와 보조를 맞추는 것입니다. 그리고 서로 유사한 무감각한 악행과 이기적인 악행을 너무나 자주 신성하게 신뢰해온, 은행이나 업계에서의 행위는 끝장내야만 합니다.

신뢰가 적어지는 것도 놀랄 일이 아닙니다. 왜냐하면 그것은 오직 정직과 명예와 의무의 신성함과 충실한 보호와 사심없는 실행에 기초해서만 성장하기 때문입니다. 이런 것들이 없다면 신뢰는 존재할 수가 없습니다.

그러나 복원은 윤리에서만의 변화를 요구하지 않습니다. 이 나라는 행동을 요구하고 있습니다, 지금 당장의 행동을.

IPTR115: 나 지금 일어나 가련다, 이니스프리로
그곳에 진흙과 나뭇가지로 오두막집을 짓고
아홉 이랑 콩밭을 일구고, 벌꿀통 하나 치며
벌 소리 요란한 숲 속 빈터에 홀로 살리라.

나 거기서 평화를 맛보리,
평화가 아침의 베일(안개)로부터
귀뚜라미 우는 곳으로 천천히
방울져 떨어지기에, 천천히
방울져 떨어지기에.

45

한 밤중의 희미한 빛, 한 낮의 보랏빛 작열이 있는
그리고 밤이면 흥방울 새 가득 나는 곳

나 지금 일어나 가련다, 밤이나 낮이나 항상
호숫가에서 출렁이는 낮은 물소리를 들을 수 있기에.
도로 위나 잿빛 포도(鋪道) 위에 서 있는 동안에도
나는 그 소리를 가슴 속 깊이 듣는다.

IPTR116: 대학을 마친 후 저의 첫 직업은 Texas주 Cotulla에서의 조그마한 멕시코계 미국인 학교의 교사였습니다. 그들 중 영어를 말할 수 있는 사람은 거의 없었고 저는 스페인 말을 그다지 할 줄 몰랐습니다.

저의 학생들은 가난하고 그들은 종종 아침도 못 먹고 굶주린 채 학교에 왔습니다. 그리고 그들은 어린 나이에 벌써 편견의 고통을 알았습니다. 그들은 사람들이 왜 그들을 싫어하는 지 전혀 아는 것처럼 보이지 않았지만, 그들은 그것이 사실이라는 것을 알고 있었습니다. 왜냐하면 나는 그것을 그들의 눈에서 감지하였기 때문입니다.

저는 종종 수업이 끝난 후에도 제가 할 수 있는 더 많은 것들이 그곳에 있기를 기대하면서 오후 늦게서야 집으로 걸어갔습니다. 그러나 제가 알고 있는 것이라곤 앞날에 놓여 있는 고난에 대비하여 제가 그들을 도울 수 있기를 바라면서 제가 알고 있는 얼마 안되지만 모든 것을 가르치는 것이었습니다.

아무튼 여러분이 어린 아이의 희망에 차있던 얼굴에 난 상처를 보게 되면 빈곤과 증오가 할 수 있는 것이 무엇인 지를 여러분은 결코 잊지 못합니다.

1928년 당시 저는 제가 1965년에 이곳에 서있게 될 줄은 전혀 생각지 못했습니다. 제가 그러한 학생들의 아들과 딸들을 돕고, 사람들이 전국적으로 그들을 좋아하도록 돕는 기회를 얻을 수 있으리라고는 저의 가장 다정스러운 꿈속에서도 저의 머리에 결코 떠오른 적이 없습니다. 그러나 지금 저는 그런 기회를 가지고 있습니다. 그리고 저는 여러분에게 비밀 하나를 털어놓을 겁니다. 저는 그것을 이용할 작정입니다.

그리고 저는 여러분이 저와 함께 그것을 이용해주기를 희망합니다. 이곳은 일찍이 이 지구를 점유했던 나라들 중 가장 풍요롭고 가장 강력한 나라입니다. 그 옛날 제국들의 권력도 우리와 비교하면 소소합니다.

그러나 저는 제국을 건설했거나 권위를 추구했거나 혹은 영토를 확장했던 그런 대통령이 되기를 원하지 않습니다. 저는 아이들에게 그들 세계의 경이를 교육시키는 대통령이 되기를 원합니다.

저는 굶주린 사람에게 먹을 것을 주고 그들을 세금 수혜자가 되는 대신에 납세자가 될 수 있도록 준비시키는데 도움이 되는 대통령이 되고 싶습니다.

저는 불쌍한 사람들이 스스로의 길을 찾아갈 수 있도록 도움을 주며 모든 시민들이 모든 선거에서 투표할 수 있는 권리를 보호해주는 대통령이 되고 싶습니다.

저는 동료들 사이에서 증오를 끝장내는데 도움을 주며 모든 인종, 모든 종교, 모든 정당의 사람들 사이에서 사랑을 장려하는 대통령이 되고 싶습니다.

저는 이 지구상의 형제들 사이에서 전쟁을 종식시키는데 도움이 되는 대통령이 되고 싶습니다.

IPTR117: 미합중국의 대통령으로서, 저는 1945년 9월 2일 일요일을 승전 기념일, 공식적인 일본의 항복의 날로 선언합니다. 아직은 전쟁이 끝났다거나 혹은 교전이 종식되었다는 것을 공식으로 선언하는 날은 아닙니다. 그러나 오늘은 우리 미국 국민들이 이전에는 치욕의 날로 기억하고 있었지만 앞으로는 항상 심판의 날로 기억하게 될 날입니다.

오늘로부터 우리는 앞으로 나아갈 것입니다. 우리는 국내 안전보장의 새로운 시대로 나아갈 것입니다. 다른 연합국들과 함께 우리는 평화롭고 국제적인 호의와 협조가 있는 더 나은 새로운 세상으로 나아갈 것입니다.

하나님의 가호가 우리를 이 승리의 날로 인도하였습니다. 하나님의 가호로 앞으로 우리는 우리 스스로와 모든 세계의 평화와 번영을 달성할 것입니다.

Grade -2nd

IPTR201 : 자유는 많은 어려움을 안고 있으며, 민주주의는 완벽하지 못합니다. 그러나 우리는 국민들이 우리로부터 떠나가는 것을 막기 위해 그들을 가둬놓을 담을 쌓아야 했던 적은 없습니다. 저는 대서양 반대편에서 여러분으로부터 아주 멀리 떨어져 살고 있는 동포들을 대신하여, 그들이 그렇게 멀리 떨어져 있지만 지난 18년간의 내력을 여러분과 공유할 수 있었다는 것을 매우 자랑스러워한다는 것을 말하고 싶습니다. 저는 18년 동안이나 포위되어 왔지만, 여전히 활력과 힘과 희망과 결의로 살아가고 있는 서베를린과 같은 그런 마을, 그런 도시는 없다고 알고 있습니다. 저 장벽은 전 세계인이 볼 수 있는 공산주의 체제 실패의 가장 명확하고 생생한 증거이지만, 우리는 거기에 만족할 수 없습니다. 왜냐하면 우리의 시장님이 말한 것처럼 가족을 갈라놓고 남편과 아내와 형제와 자매를 분리시키고 함께 살고 싶어하는 사람들을 갈라놓는다는 것은 역사에 대한 모욕일 뿐만 아니라 인류에 대한 범죄이기 때문입니다.

IPTR202 : 기나긴 세계 역사에서 단지 몇 세대만이 최대의 위험에 처한 시각에 자유수호의 임무를 부여받았습니다. 저는 이 책임을 피하지 않고, 그것을 기꺼이 받아들입니다. 저는 우리들 중 어느 누구도 다른 사람과 혹은 어느 다른 세대와 자리를 바꾸고 싶어한다고는 믿지 않습니다. 우리가 이 노력에 쏟아온 정력과 신념과 헌신은 우리나라와 이 나라에 봉사하는 모든 사람들을 밝게 비춰줄 것이고, 그 불의 불꽃은 진실로 세계를 밝힐 수 있습니다.

그래서 친애하는 국민 여러분, 여러분의 조국이 여러분을 위해 무엇을 해줄 수 있는 지를 묻지 말고, 여러분이 여러분의 조국을 위해 무엇을 할 수 있는가를 물으십시오.

친애하는 세계 시민 여러분, 미국이 여러분을 위해 무엇을 해줄 수 있는지가 아니라 우리 함께 인간의 자유를 위해 할 수 있는 것이 무엇인지를 물으십시오.

끝으로 여러분이 미국의 국민이든 아니면 세계의 시민이든 이곳에 있는 우리가 여러분에게 요청하는 것과 똑같은 수준의 힘과 희생을 우리에게 요청하십시오. 훌륭한 양심을 우리의 유일하고 확실한 보상으로 여기고, 역사를 우리 행동의 최종적인 심판자로 삼아, 하나님의 축복과 도움을 요청하면서, 그러나 이곳 지상에서의 하나님의 일이 진실로 우리 자신의 일임에 틀림없다는 것을 알고서, 우리가 사랑하는 이 땅(조국)을 이끌어가기 위해 우리 나아갑시다.

IPTR203 : 이제, 마지막이 가까워졌네
그래서 난 마지막 장(죽음)을 맞이하려 하네
친구여, 그것을 분명하게 말해주지
난 내가 확신하는 사실을 말하겠네
난 충만한 삶을 살아왔지
모든 큰 길(곳)을 여행했고(돌아다녀 보았고)
하지만 그보다 더 중요한 것은
나는 그것들을 내 방식대로 했다는 것이지

후회스러운 일도 꽤 있었지
그렇지만 다시 언급할 정도로 많았던 것은 아니지
난 해야만 하는 일을 했고
그리고 예외없이 끝장을 보았지
난 허락된 길을 가보기도 했고
조심스럽게 샛길도 가보았지
하지만 그보다 더 중요한 것은
나는 그것들을 내 방식대로 했다는 것이지

맞아, 자네도 알 것이라고 생각하네만
지나치게 과욕을 부린 적도 있었지
하지만 그러면서도 의심이 들 때는
마구 먹어대다가도 뱉어내곤 했네
그 모든 것에 정면으로 맞섰고 당당했지
그리고 그것들을 내 방식대로 했었지

사랑도 해봤고, 웃기도 울기도 했지
가질 만큼 가져도 봤고, 잃을 만큼 잃어도 봤지
그리고 이제 눈물이 가신 뒤에 보니

그 모든 것이 즐거운 추억일 뿐이네
그 모든 것을 생각해보니
부끄러운 길은 아니었다고 말해도 되겠지
'아뇨, 난 아니에요
난 그것들을 내 방식대로 했었네요'라고

사람이 과연 무엇이고, 그가 가진 것이 또 뭐 있겠어?
스스로(주체)가 없다면 아무 것도 없는 것이지
비굴한 사람의 말이 아니라
진실로 느끼는 것을 말하자면
기록은 내가 세파에 시달려온 것을 보여주지
나는 그것들을 내 방식대로 했다는 것을

맞네, 그것이 내 삶이었네

IPTR204 : 이것들이 소련에서의 중대한 변화의 시초입니까? 아니면 그것들은 서방 세계에 잘못된 희망을 불러일으키거나 바꾸기는커녕 소련 체제를 강화하기 위해 거짓으로 취한 동작들입니까? 우리는 자유와 안보가 공존하며, 인간 자유의 진보만이 세계평화라는 대의명분을 강화할 수 있다고 믿는 까닭에 변화와 개방을 환영하고 있습니다. 소련이 확실하게 자유와 평화라는 대의명분을 극적으로 증진시킬 수 있는 한 가지 방법이 있습니다.

고르바초프 서기장, 귀하가 평화를 원하고, 소연방과 동구 유럽에 번영을 원하며, 자유화를 원한다면, 이 문으로 오시오! 고르바초프 서기장, 이 문을 여시오! 고르바초프 서기장, 이 장벽을 해체하시오!

저는 전쟁의 공포와 이 대륙을 괴롭히고 있는 분단의 고통을 이해하고 있으며, 그러한 걱정을 극복하는 데 도움이 될 수 있도록 미국이 노력할 것임을 여러분에게 맹세합니다. 물론, 우리 서방 세계는 소련의 확장에 저항해야만 합니다. 그래서 우리는 난공불락의 힘에 바탕을 둔 방어력을 유지해야만 합니다. 그러나 우리는 평화를 추구합니다. 그래서 우리는 양측의 무기 감축을 위해 노력해야만 합니다.

10년 전부터 소련은 유럽의 모든 수도들을 공격할 수 있는, 새로 개발되고 더욱 치명적인 수백기의 SS-20 핵 미사일에 의한 중대하고 새로운 위협으로 서방에 도전하였습니다. 소련이 양측에 있어서의 그와 같은 무기들의 제거라는 더 나은 해결책에 동의하지 않는 이상, 서방 동맹국은 대응 배치를 실행하는 것으로 응수하였습니다. 수개월 동안, 소련은 본격적인 교섭을 거절하였습니다. 이번에는 서방 동맹국들이 대응배치를 진행시키기 위한 준비를 하였기 때문에, 1982년 제가 이 도시를 방문했던 동안의 저항의 나날들과 같은, 어려운 날들이 있었습니다. 그러자 소련측은 그 후 협상 테이블을 떠나버렸습니다.

IPTR205 : 세계의 많은 나라들 중에서 지금까지 한국만 이 공산주의에 대항하여 모든 위험을 무릅써온 유일한 나라입니다. 한국 사람의 용기와 불굴의 의지의 훌륭함 은 이루다 말할 수 없습니다. 그들은 노예가 되기보다는 죽음을 무릅쓰기로 결정하였습니다. 저에 대한 그들의 마지막 말은, "태평양을 포기하지 마십시오" 입니다. 저 는 여러분의 전투중인 아들들을 한국에 두고 왔습니다. 그들은 그곳에서 모든 시련들을 견디어왔으며 저는 여러 분에게 그들은 모든 면에서 훌륭하다고 기탄없이 보고할 수 있습니다.

최소한의 시간적 손실과 인명 희생으로 그들을 보호하 고 이 야만적인 전쟁을 명예롭게 끝내는 것이 저의 끊임 없는 노력이었습니다. 증대되는 유혈의 참사는 저를 깊 은 고뇌와 걱정으로 빠트리고 있습니다. 저 용감한 병사 들은 저의 마음속에 그리고 항상 저의 기도 속에 남아있 을 것입니다.

저는 52년의 군복무를 마치려고 합니다. 20세기로 전 환되기도 전이었던 제가 처음 군에 들어왔을 때, 군 입 대는 저의 소년시절 모든 희망과 꿈의 실현이었습니다.

제가 West Point의 연병장에서 선서를 한 이래로 세 상은 여러 번 바뀌었습니다. 그리고 꿈과 희망은 오래 전에 사라졌습니다. 그러나 노병은 결코 죽지 않는다, 그 들은 다만 사라질 뿐이라고 매우 당당하게 선언하고 있 는 당시의 가장 인기 있는 군가 중의 하나의 후렴을 저 는 아직도 기억합니다.

그리고 그 노래의 노병처럼, 하나님이 그에게 그 의무 를 깨달을 수 있는 빛을 주었던 것처럼 자신의 의무를 다하려고 노력했던 노병으로, 이제 저는 저의 군 경력을 마감하고 사라지렵니다. 안녕히 계십시오.

IPTR206 : Westmoreland 장군, Grove 장군, 저명한 하객들 그리고 장병 여러분!

제가 오늘 아침 호텔을 나설 때 어떤 도어맨이 제게 물 었습니다. "장군님, 어디를 가십니까?" 그래서 내가 "West Point"에 간다고 하자, "멋진 곳이죠. 전에 그 곳에 계신 적이 있으십니까?"라고 그가 말했습니다.

이와 같은 찬사에 깊은 감동을 느끼지 않는 사람은 없 을 것입니다. 제가 그토록 오랫동안 봉사해왔던 군과 그 토록 사랑해왔던 국민들로부터 (찬사를) 받게되니 저는 감격에 벅차 말을 할 수가 없습니다. 그러나 이 상은 한 개인에게 최고의 경의를 표하기 위한 것이 아니라 어떤 위대한 도덕적인 규범, 즉 오랜 전통과 문화를 지닌 이 사랑하는 조국을 지켜온 사람들의 행위와 기사도의 규범 을 상징하기 위한 것입니다. 그것이 이 메달의 의미입니 다. 공공연히 그리고 모든 시대를 통해, 그것은 미국 군 인의 윤리의 표현입니다. 제가 이런 식으로 그토록 고귀 한 이상과 하나가 되어야만 한다는 것이 항상 저와 함께 있게될, 자부심을 그렇지만 겸손도 불러일으킵니다.

의무, 명예, 조국, 이 세 개의 신성한 단어들은 여러분 이 무엇을 해야만 하는지, 여러분이 무엇을 할 수 있는 지, 여러분이 무엇이 되어야 하는지를 경건하게 명령하 고 있습니다. 그것들은 용기가 꺾어질 것으로 보일 때 용기를 북돋아주고, 믿음이 적어질 것으로 보일 때 신념 을 회복시켜주고, 희망이 절망이 되려할 때는 희망을 창 조하는 여러분의 재기의 거점입니다. 불행히도 저는 그 것들이 뜻하는 모든 것을 여러분에게 말해줄 웅변같은 화법이나 시적인 상상력이나 화려한 은유법도 갖고 있지 못합니다. 회의론자들은 그것들은 단지 단어들일 뿐이며 슬로건일 뿐이고 화려한 빈말일 뿐이라고 말할 것입니 다. 모든 현학자들, 선동가들, 냉소가들, 위선자들, 말썽 꾸러기들, 그리고 유감스러운 말이지만 전혀 다른 성격 을 가진 어떤 사람들은 그것들을 심지어는 조롱과 비웃 음의 정도로까지 비하하려고 할 것입니다.

IPTR207 : 이만큼 크고 복잡한 새 정부를 구성한다는 것 자체가 중대한 임무입니다마는 다음과 같은 사항들을 기 억해야만 하겠습니다. 즉, 우리는 역사상 최대의 결전 중 의 하나의 초기 단계에 있다는 것, 우리는 노르웨이와 네덜란드의 여러 곳에서 전투 중에 있으며, 지중해에서 도 대비해야 한다는 것, 공중전은 계속되고 있으며, 이곳 국내에서도 많은 준비가 이뤄져야만 한다는 것 등이 그 것입니다. 이러한 위기에 처하여 제가 오늘 의회에서 길 게 말씀드리지 못하는 점을 양해하여 주시기 바랍니다. 정치적인 구조 변화로 인하여 영향을 받고 있는 동료들 이나 이전의 동료들 또한 당연히 있어야할 의례에 부족 한 점이 있더라도 양해하여 주시기 바랍니다. 저는 내각 에 참여했던 사람들에게 얘기했던 것과 마찬가지로 의원 여러분들에게 '저는 피와 수고와 눈물 그리고 땀방울 밖 에는 드릴 것이 없다'는 점을 말씀드리겠습니다.

우리는 매우 가혹한 시련을 앞두고 있습니다. 우리는 길고 긴 투쟁과 고통의 세월들을 앞두고 있습니다. 여러 분은 저의 정책이 무엇이냐고 묻고 있습니다. 말씀드리 겠습니다. 그것은 하나님께서 우리에게 주실 수 있는 모 든 힘과 능력을 총동원하여 바다와 육지와 공중에서 전 쟁을 수행하는 것이며, 어둡고 한탄스러운 인간의 범죄 목록에서도 결코 유래가 없는 극악무도한 전제 정치에 대항하여 전쟁을 계속하는 것입니다. 그것이 저의 정책 입니다. 저의 목적이 무엇이냐고 묻는데, 저는 한마디로 대답할 수 있습니다. 승리, 어떤 대가를 치르고서라도 승 리, 모든 폭력을 무릅쓰고라도 승리, 그곳에 이르는 길이 아무리 멀고 험난해도 승리입니다. 승리가 없이는 생존 이 없기 때문입니다. 그것을 실현시킵시다. (승리가 없이 는) 대영제국의 생존도, 대영제국이 표상해 온 모든 가 치의 생존도, 인류가 그 목표를 향해 전진하게 하는 시 대의 욕구와 추진력도 없습니다. 하지만 저는 낙천적이 며 희망에 들떠서 저의 임무를 떠맡습니다. 저는 우리의 대의가 실패로 끝나지 않을 것이라고 확신합니다. 지금 이 순간 저는 여러분 모두의 도움을 요청할 자격이 있다고 느끼면서 이렇게 말씀드립니다. '자, 그럼 우리 단결된 힘으로 앞으로 전진합시다.'

IPTR208 : 어느 날 밤, 시내에 있는 자주 다니는 술집 가운데 한 집에서 잔뜩 취해 집에 돌아오니, 고양이가 나를 피하는 것 같았다. 내가 그놈을 붙잡자 내 거친 행동에 놀랐는지 고양이는 이빨로 내 손등에 가벼운 상처를 입혔다. 순간적으로 악마와 같은 분노가 나를 사로잡았고, 나는 자신을 잃어버렸다. 한동안 내 본래의 영혼은 내 몸으로부터 사라져버리고 악마같은 증오보다 더한 술에 찌든 사심(邪心)이 온 몸을 전율시켰다. 나는 그 불쌍한 놈의 목을 붙잡고, 조끼 주머니에서 주머니칼을 꺼내어 찬찬히 눈두덩으로부터 한쪽 눈을 도려내었다! 그 저주받을 포악을 기록하면서, 나는 부끄러워 몸이 달아오르고 몸이 떨린다.

아침에 이성을 되찾았을 때인가? 지난밤 폭음의 여독을 수면으로 깨쳤을 때인가? 나는 내가 저지른 범죄에 대하여 공포와 가책이 반반씩 섞인 기분을 느꼈지만, 그것은 기껏해야 미약하고 모호한 감정이었고, 내 영혼은 본래 그대로였다. 나는 다시 폭음에 빠져들었고, 그러한 행동에 대한 기억은 이내 술에 파묻어 버렸다.

IPTR209 : 노란 숲 속에 길이 두 갈래로 났었습니다.
두 길을 다 가지 못하는 것을 안타깝게 생각하면서,
오랫동안 서서 한 길이 굽어 꺾여 내려간 곳까지,
바라볼 수 있는 곳까지 멀리 바라보았습니다.

그리고, 아름다운 만큼 똑바른 다른 길을 택했습니다.
그 길에는 풀이 더 많고 사람이 다닌 자취가 적어,
아마 더 걸어야 될 길이라고 생각했던 것이지요.
그 길을 걸으므로, 그 길도 거의 같아질 것이지만.

그 날 아침 두 길은 발길에 밟히지 않은
낙엽들로 덮인 채 나란히 놓여 있었습니다.
아, 나는 다음 날을 위해 다른 한 길을 남겨두었습니다!
길은 길에 연하여 끝이 없으므로,
내가 다시 돌아올 수 있을지 의심하면서.

앞으로 먼 훗날 어디에선가
한숨을 쉬며 말할 것입니다.
숲 속에 두 갈래 길이 있었다고—
그리고 나는 사람이 적게 간 길을 택하였노라고
그래서 그것 때문에 모든 것이 달라졌다고.

IPTR210 : 로버트 프로스트는 말했습니다.
숲 속에 두 갈래 길이 있었다고—

그리고 나는 사람이 적게 간 길을 택하였노라고
그래서 그것 때문에 모든 것이 달라졌다고.

저는 (제가 선택한) 길이 사람이 적게 간 길이 아니기를 바라며, 미래에 대한 위대한 공화국(미국)의 관심에 대한 여러분의 헌신이 여러분이 시작한 때로부터 오랫동안 여러분의 유산으로 물려줄 만한 가치가 있는 것이기를 바랍니다.

로버트 프로스트를 추모하는 오늘은 다른 사람들, 그리고 심지어 시인들뿐만 아니라 정치가들도 소중하게 여기는 반성의 기회를 제공하는데, 그것은 로버트 프로스트가 우리 시대 미국에 있어서 화강암과 같은 인물이기 때문입니다. 그는 예술가와 미국인이라는 두 가지 점에 있어서 최고의 존재였습니다. 국가는 그것이 배출하는 인물에 의해서뿐만 아니라 그것이 존경하고, 그것이 추모하는 인물에 의해서도 자신을 드러냅니다.

미국의 영웅들은 늘상 커다란 업적을 남긴 사람들이었습니다. 하지만 오늘 이 대학과 이 나라는 우리의 (물리적) 크기가 아니라 우리의 정신에, 우리의 정치적 신념이 아니라 우리의 통찰력에, 우리의 자존심이 아니라 자기 이해에 기여한 한 사람을 기리고 있습니다.

따라서 로버트 프로스트를 기림으로써, 우리는 우리 국력의 가장 깊은 원천을 기리는 셈입니다. 이 국력은 수많은 형태를 취하고 있지만, 가장 분명한 형태가 언제나 가장 중요한 것은 아닙니다. 국가가 위대해지기 위해서는 권력을 창조하는 사람들의 기여가 불가결하지만, 권력에 문제를 제기하는 사람들의 기여 또한 불가결합니다. 특히, 그러한 문제 제기가 사심(私心)없는 것일 때에는 더 말할 나위가 없습니다. 우리가 권력을 이용하느냐, 아니면 권력이 우리를 이용하느냐의 여부는 그들이 결정하기 때문입니다.

IPTR211 : (그것이 - 대통령직) 어떠한 개인적 고통을 내포하든지 간에 저는 끝까지 완수하고 싶었습니다. 그리고 저의 가족들도 한 마음으로 제게 그렇게 하라고 했습니다. 그러나 어떤 개인적인 고려사항 보다도 국가 이익이 항상 우선시 되어야 합니다. 의회와 다른 지도자들과 가졌던 논의를 통해 Watergate 사건 때문에 바로 그 어려운 결정을 뒷받침하는 데에 그리고 국가의 이익이 요구하는 방식대로 대통령의 의무를 수행하는 데에 필요하다고 여긴 의회의 지지를 얻지 못하게 될지도 모른다는 결론을 내렸습니다.

저는 어떤 일이든 중도에 포기해본 적이 없는 사람입니다.

임기가 끝나기 전에 자리를 떠나야 한다는 것은 본능적으로 견딜 수 없는 일입니다. 그러나 대통령으로서 저는 미국의 이익을 앞세우지 않으면 안됩니다.

특히 국내외적으로 여러 가지 문제에 직면하고 있는 이

런 때에, 미국은 온 시간 직무에 임하는 대통령과 온 시간 직무에 임하는 의회를 필요로 합니다.

우리의 모든 역량이 대외적으로는 평화, 대내적으로는 인플레이션이 없는 번영이라는 중요한 문제들에 모아져야만 하는 시기에, 제 개인의 결백을 입증하기 위해 앞으로 몇 달 동안 싸움을 계속한다면 대통령이나 의회 모두의 시간과 주의를 거의 전적으로 빼앗게 될 것입니다.

그런 까닭에 저는 내일 정오를 기해 대통령직을 사임할 것입니다.

Ford 부통령이 이 집무실에서 그 시간에 대통령으로서의 선서를 하게될 것입니다. 저는 두 번째 임기를 시작하면서 미국에 대해 가졌던 커다란 희망을 회상하며, 그러한 희망의 성취를 위해 다가오는 2년 반 동안 더 여러분을 위해 일하면서 이 집무실에 있을 수 없을 것이기에 큰 슬픔을 느낍니다.

그러나 정부의 지휘권은 Ford 부통령에게 인계되었으므로, 10개월 전 그를 부통령직에 지명할 때 국민 여러분께 말했던 것처럼, 미국의 지도력은 훌륭한 사람에게 맡겨지게 될 것이라는 것을 저는 알고 있습니다.

이 집무실을 부통령에게 인계하면서, 저는 내일 그의 어깨를 짓누르게 될 무거운 책임감과, 그 결과 그가 모든 미국인들로부터 필요로 하게 될 이해, 인내, 협조를 마음 깊숙히 함께 느끼면서 그렇게 합니다.

IPTR212 : 우리는 결국 함께 정당하게 승리할 것이라는 것을 확신하면서 우리 함께 배우고, 함께 웃고, 함께 일하며, 함께 기도합니다.

미국의 꿈은 영원합니다. 우리는 우리나라와 서로에 대해 다시 한번 더 충만한 신뢰를 가져야만 합니다. 저는 미국이 더 좋아질 수 있다고 믿습니다. 우리는 전보다 훨씬 더 강해질 수 있습니다.

우리 최근의 실수를 교훈으로 삼아 우리나라의 기본 원칙에 다시 전념토록 합시다. 왜냐하면 우리는 만약 우리가 우리 자신의 정부를 경멸한다면 우리에게는 미래가 없다는 것을 알고있기 때문입니다. 우리는 비록 짧았지만, 그러나 당당하게 단결했던 특별한 시기를 상기합니다. 그런 때에는 우리가 움켜쥐지 못하는 목적물이 없었습니다.

그러나 우리는 기억되는 영광에 안주할 수 없습니다. 우리에겐 표류할 여유가 없습니다. 어떤 사람에 대해서도 우리는 실패나 평범함이나 혹은 저급한 삶의 전망을 거절합니다. 우리 정부는 유능하고 동시에 자비로워야만 합니다.

우리는 고도의 개인적인 자유를 이미 발견하였으며, 우리는 지금 기회의 균등을 높이기 위해 노력하고 있습니다. 인권에 대한 우리의 약속은 절대적이며, 우리의 법률은 공정하고, 우리 자연의 아름다움은 보존되어야만 합니다. 강자는 약자를 박해해서는 아니되며, 인간의 존엄

성은 고양되어야만 합니다.

우리는 "더 많은 것"이 반드시 "더 좋은 것"은 아니라는 것과, 심지어 위대한 우리나라에도 인정된 한계가 있으며, 우리가 모든 물음에 답할 수도 없고, 모든 문제를 해결할 수도 없다는 것을 배웠습니다. 우리는 모든 것을 다 할 수는 없으며, (그렇다고) 미래를 맞이할 때 용기를 잃을 수도 없습니다. 그래서 모두 함께 공동선을 위해 개인을 희생한다는 정신으로 우리는 그저 우리의 최선을 다해야만 합니다.

Grade -3rd

IPTR301 : 제가 여러분 중의 일부는 큰 시련과 고난을 겪고 이곳에 왔다는 것을 염두에 두지 않고 있는 것은 아닙니다. 여러분 중의 일부는 좁은 감옥에서 갓 나왔습니다. 여러분 중의 일부는 자유를 추구하느라 폭풍우와 같은 박해로 두들겨 맞고, 바람과 같은 경찰의 야만스러운 폭력 때문에 비틀거리는 지역에서 왔습니다. 여러분은 고통을 창조적으로 승화시킨 베테랑들입니다. 부당하게 받은 고통은 보상된다는 신념을 가지고 계속하여 노력을 합시다. 어떻게든 이 상황은 달라질 것이고 달라질 수 있을 것이라는 확신을 가지고 Mississippi로 돌아가고, Alabama로 돌아가고, South Carolina로 돌아가고, Georgia로 돌아가고, Louisiana로 돌아가고, 북부 도시들의 빈민가와 흑인 거주지로 돌아가십시오. 우리 스스로 절망의 계곡에서 뒹굴지 맙시다. 그래서 우리가 오늘도 내일도 그러한 어려움에 직면한다고 할지라도, 저는 오늘 나의 친구인 여러분에게 말합니다. 제게는 아직 꿈이 있습니다. 그것은 미국의 꿈에 깊이 뿌리를 내리고 있는 꿈입니다.

제게는 이 나라가 언젠가는 떨쳐 일어나 '우리 모든 인간은 평등하게 창조되었다는 진리를 자명한 것으로 받아들인다'는 미국 신조의 참된 의미를 완벽하게 실천할 것이라는 꿈이 있습니다.

제게는 언젠가는 Georgia의 붉은 언덕 위에 전에 노예였던 사람의 후손들과 전에 노예를 소유했던 사람의 후손들이 형제애의 식탁에 함께 둘러앉을 수 있는 날이 오리라는 꿈이 있습니다.

제게는 불의와 억압의 열기로 찌는 듯이 더운 저 황폐한 주인 Mississippi 주조차도 언젠가는 자유와 정의의 오아시스로 변화될 것이라는 꿈이 있습니다.

제게는 저의 네 명의 어린 아이들이 언젠가는 그들이 그들의 피부의 색깔이 아니라 그들 품성의 내용으로 판단되는 나라에서 살게 될 것이라는 꿈이 있습니다.

저는 오늘 꿈을 가지고 있습니다.

IPTR302 : 월드컵 축구 결승전의 공동개최국인 한국이

화요일 연장전에서 이탈리아를 2:1로 이겨 이탈리아를 경악케 하며 준준결승에 올라갔습니다.

한국인들은 그들의 팀이 후반전이 끝날 무렵에 이탈리아와 1:1로 비긴 뒤 원기를 회복하고 연장전이 끝날 무렵 "골든골"로 점수를 내어 그들의 두 번째 게임을 승리로 이긴 뒤, 수요일 새벽 늦게까지 파티를 열었습니다.

한국인들은 2라운드에도 도달한 적이 없었습니다만, 이제 그들은 준준결승에 진출하였습니다.

대전에서 벌어진 게임에서 안정환이 게임 시작 5분만에 얻어낸 페널티킥을 실패하자 전국적으로 큰 실망이 있었습니다.

크리스티앙 비에리가 18분만에 점수를 얻어 이탈리아가 경기를 리드하였는데, 설기현이 88분 경에 동점골을 뽑아낼 때까지 리드를 유지했습니다.

경기는 연장전에 들어가서도 1:1로 동점을 이루고 페널티킥으로 결정될 것으로 보였습니다. 그러나 안정환이 그의 초반 실수를 만회하며 117분 경에 점수를 얻어내어 한국의 승리를 이끌었습니다.

이 일로 전국의 축구팬들이 축하를 벌였습니다. 대형 비디오 스크린으로 경기를 시청하기 위해 수만 명의 사람들이 광장에 모여들었고 함께 환호했습니다.

그 게임을 "경이적"이라고 말하는 한국인 팬 소영원은 "나는 우리 팀, 국가대표팀을 응원했습니다. 정말 강합니다. 모두들 울고 싶을 정도입니다."라고 말했습니다.

공동 개최국의 하나로 이탈리아를 놀랍게도 2:1로 이긴 한국 축구팀은 토요일 광주에서 열리는 스페인과의 월드컵 준준결승을 대비하기 위해 이동하고 있습니다.

IPTR303 : 한국이 승리를 하는 데에는 오랜 세월이 걸렸습니다. 그들은 12번 이상 수십 년에 걸쳐 월드컵 경기에 참여하였지만, 말씀드린 대로 이번이 그들이 승리한 최초의 경기입니다. Tim Lister 기자가 열광적인 상황을 추적 보도합니다.

한국은 이 밤을 오랫동안 기다려왔습니다. 경기가 시작되기 수 시간 전부터 수 천명의 사람들이 월드컵을 위해 설치된 대형 스크린을 통해 경기를 보기 위해 서울의 거리들로 모여들었습니다. 많은 사람들이 가장 좋은 자리를 차지하려고 직장이나 학교를 빼먹고 나왔습니다.

경기가 시작될 무렵, 한국팀의 붉은 셔츠를 입은 수만 명의 사람들이 모여들었습니다. 그들은 경기가 시작되기도 전에 목이 터져라 외쳐가며, 나무나 심지어는 탑 위에 매달리거나 사무실 창문을 통해 내다보았습니다.

아마도 팀의 네덜란드인 감독인 거스 히딩크의 예상에 대한 최대의 응원과 우려의 기미는 확연한 것이었습니다. 한국은 15번의 월드컵 본선 경기를 치렀지만, 한번도 이겨본 적이 없었던 것입니다.

그러나 이번 경기는 게임 시작 25분만에 황선홍이 옆으로 찬 볼이 폴란드의 골키퍼 옆으로 들어감으로써 이

내 꿈같이 시작되었습니다. 히딩크 감독도 적어도 다소간 만족한 것처럼 보였습니다. 그때부터 축제는 시작되었습니다. 폴란드 팀이 한 수 밀리며 패배 당할 것으로 보였으며 한국의 두 번째 골이 확실해 보였습니다. 후반전 15분에 두 번째 골이 유상철의 맹렬한 공격으로부터 터져 나왔고, 승리는 확정되었습니다.

자신감이 넘쳐나는 한국팀은 2차전에 진출한다는 확실한 기대를 가지고 다음 경기에 나갈 것입니다. 한국을 휩쓸고 있는 축구 열기는 최고조에 이를 것이 분명합니다.

넘쳐나는 자부심과 국민적인 열광이 서울 거리는 물론이고 전국적으로 넘쳐나는 밤입니다. 한국인들에게 월드컵 본선 진출은 요원한 것이었습니다. 사실 한국이 월드컵 본선에서의 첫 승리를 얻어내는 데에는 48년이 걸렸습니다. 하지만 오늘밤, 2:0으로 폴란드를 이겨냈습니다. 서울에서 CNN의 Tim Lister였습니다.

IPTR304 : 사물을 이전과는 달리 보고, 듣고, 느끼는 세상이 있습니다.
디자인이 당신의 모든 감각을 깨우는 곳
그곳이 삼성의 세계입니다.
여러분 모두를 초대합니다.

IPTR305 : 소나타
전면과 측면 에어백, 67통의 엔진, 그 어떤 것보다 뛰어나고 능력있는 풍부하고 탄력적인 사양
현대의 소나타
미국 최고의 보증 수리 계획까지 누릴 수 있는
지금 서둘러야 연리 0.9%의 낮은 금리로 소나타를 장만할 수 있습니다.

IPTR306 : 4월은 가장 잔인한 달
죽은 대지에서 라일락을 키워 내고
추억과 욕망을 뒤섞으며
잠든 뿌리를 봄비로 피워낸다.
겨울은 우리를 따뜻하게 했다.
망각의 눈으로 대지를 덮고
마른 감자로 약간의 생명을 주었다.
슈타른버거 호수 너머로 소나기와 함께
여름이 몰려와 우리를 놀래켰다.
우리는 주랑에 멈추어섰다가
햇빛이 나자 호프가르텐 공원에 가서
커피를 마시며 한 시간 동안 얘기를 했다.
저는 러시아인이 아닙니다. 출생은 리투아니아이지만 진짜 독일인입니다.
어려서 사촌인 대공댁에 머물렀을 때
그가 나에게 썰매를 태워주었는데, 내가 겁을 먹었다.
그는 말했다, 마리, 마리 꼭 잡아.
그리고 쏜살같이 내려갔다.

산에 오면 자유로운 느낌이 든다.
밤에는 대개 책을 읽고, 겨울엔 남쪽에 간다.

IPTR307 : 안녕하십니까? 저는 Laura Bush입니다. 저는 알카에다 테러리스트 조직과 그들이 아프가니스탄에서 지지하는 탈레반 정권에 의해 부녀자들과 어린이들에게 저질러진 만행에 대한 범세계적인 노력을 시작하기 위해 이번 주 라디오 연설을 하고 있는 중입니다. 그 정권은 지금 아프간 전역에 걸쳐 철수 중에 있으며, 아프가니스탄의 국민들 특히 부녀자들이 기뻐하고 있습니다. 아프가니스탄의 부녀자들은 혹독한 경험을 통해 자신들 이외의 세상이 어떤 지를 알고 있습니다. 여성들에 대한 잔인한 압박이 테러리스트들의 중심적인 목적입니다. 현재의 전쟁이 시작되기 훨씬 전에 탈레반과 테러리스트 일당들은 아프가니스탄의 어린이들과 부녀자들의 생활을 비참하게 만들고 있었습니다. 아프간 국민의 70%가 영양부족 상태입니다. 모든 어린이들의 1/4이 건강을 제대로 돌보지 못하여 5살 이상을 살지 못합니다. 여성들은 그들이 병들어도 의사를 만나지 못했습니다. 탈레반 정권 아래서의 삶은 조그만 기쁨을 표시하는 것조차 금지되어 있을 정도로 너무 힘들고 억압적입니다. 그래서 어린이들은 연날리기 조차 허용되지 않으며, 그들의 엄마들은 큰 소리로 웃으면 매를 맞게 됩니다. 여성들은 집 밖에서 일하거나 혼자서는 집을 외출할 수도 없습니다.

아프간 여성들에 대한 가혹한 억압과 만행은 합법적인 종교적 관행의 문제가 아닙니다. 세계의 이슬람교도들도 탈레반 정권에 의한 여성과 어린이들의 야만적인 품위저하를 비난하고 있습니다. 테러리스트들과 탈레반 정권이 아프간의 여성들에게 강요한 빈곤과 허약한 건강, 그리고 문맹은 여성들이 그들 세계의 중요한 공헌을 하고 있는 대부분의 이슬람 세계에서의 여성에 대한 처우와도 맞지 않습니다. 오직 테러리스트들과 탈레반 정권만이 여성에 대한 교육을 금지하고 있습니다. 테러리스트들과 탈레반 정권만이 매니큐어를 칠한 여성들의 손톱을 뽑아 내겠다고 협박하고 있습니다. 아프간의 여녀자들이 처한 곤경은 협박과 통제를 추구하는 사람들에 의해 저질러진 인간에 대한 고의적인 잔학 행위의 문제입니다.

IPTR308 : 깊고 강력한 힘들이 우리의 세상을 흔들어 개조하고 있는 중입니다. 그리고 우리 시대의 시급한 문제는 우리가 변화를 우리의 적이 아니라 친구로 만들 수 있느냐 하는 것입니다.

이 새로운 세상은 그 속에서 싸워 승리할 수 있는 수백만 미국인의 삶을 벌써 부유하게 만들었습니다. 그러나 대부분의 사람들이 보다 더 적은 것을 위해 더 열심히 일하고 있고, 어떤 사람들은 전혀 일을 할 수 없으며, 의료보호비용이 가족들을 황폐하게 하면서 우리의 많은 기업들을 많든 적든 간에 파산시키려 위협하고, 범죄의 공

포가 준법 시민의 자유를 박탈하고 수백만의 불쌍한 어린이들이 우리가 살아가도록 권장하는 삶을 상상조차 할 수 없다면 우리는 변화를 우리의 친구로 만들지 못한 것입니다.

우리는 우리가 엄연한 진실에 직면해 있으며 강력한 조치를 취해야 한다는 것을 알고 있습니다. 그러나 우리는 그렇게 하지 못했습니다. 대신에 우리는 표류했고 그러한 표류는 우리의 자원들을 부식시켰으며 우리의 경제를 부수고 우리의 자신감을 뒤흔들었습니다.

비록 우리에 대한 도전이 무시무시하지만 우리도 그만큼 강력합니다. 미국인들은 항상 활동적이고 탐구적이며 희망에 찬 국민들이었습니다. 그리고 우리는 오늘 우리의 과업으로 우리보다 앞서 간 이들의 비전과 의지를 떠맡아야 합니다.

독립전쟁에서 남북전쟁, 대공황을 거쳐 민권운동에 이르기까지 우리의 국민들은 항상 그러한 위기로부터 역사의 기둥을 건설하겠다는 결심을 해왔습니다.

Thomas Jefferson은 국가의 기반을 보전하기 위해서는 때때로 극적인 변화가 필요하다고 믿었습니다. 국민 여러분 지금은 우리의 시대입니다.

우리의 민주주의는 세계의 선망이어야 할 뿐만 아니라 우리 자신을 새롭게 하는 기관이어야 합니다. 미국에 있는 정의로 치유될 수 없는 잘못이란 미국에는 하나도 없습니다.

그래서 오늘 우리는 정돈(停頓)과 표류의 시대가 끝났고 미국의 쇄신이 시작되는 새로운 계절이 왔음을 선언합니다.

IPTR309 : 일본과 공동으로 개최하고 있는 월드컵 축구 본선에서의 한국의 놀라운 질주가 끝났습니다.

대부분이 홈팀의 붉은색 유니폼을 입은 6만 5천여의 팬으로 이루어진 대만원의 떠들썩한 군중들 앞에서 한국과 독일은 전반전을 승점없이 운동장을 누볐습니다. 각각 오직 두 개의 슈팅만이 가까스로 날려졌지만, 최고의 기회는 한국팀에 있었습니다.

하프 타임이 끝난 후 페이스가 회복되었지만, 독일팀이 난관을 돌파하는 데에는 30분 이상이 걸렸습니다. Oliver Neuville가 오른쪽에서 속도를 떨어뜨리며 두 명의 한국 수비수를 가로지르는 낮은 크로스 패스를 했습니다. 그 볼은 돌진해오던 Michael Ballack에게 갔고, 그의 첫 번째 슈팅은 한국의 골키퍼에게 막히면서 그에게 다시 튕겨 왔고, 75분만에 Ballack은 수월하게 골대에 차 넣었습니다.

그 후 승점을 유지하는 것은 독일팀 수비수에게 맡겨졌고, 그들은 해내었습니다. 그들은 6번의 경기에서 오직 한 골만을 허용하였습니다.

독일 감독 Rudi Voeller는 그의 팀의 노력이 자랑스럽다고 말했습니다. "우리는 경기 시작 때부터 지금까지

경기를 잘 해왔다고 생각합니다"라고 그는 말했습니다. "그리고 우리의 수비는 매우 치밀했습니다. 우리는 수비를 약간 바꾸어 후방에 4명의 수비수를 두고 경기를 했으며, 경기 내내 승점을 만들어낼 수 있는 기회를 만들 수 있었습니다. 이번 경기에서 우리가 이긴 것이 당연하다고 나는 생각합니다."

Michael Ballack은 지난 금요일 미국과의 준준결승에서 독일팀의 승리를 가져온 유일한 골을 기록하고 있습니다. 그렇지만, 그는 일본 요코하마에서 열리는 월드컵 결승전에는 참여할 수 없을 것입니다. 그가 이번 4강 실격제 토너먼트 경기에서 승점을 얻어내기 몇 분전에 그의 두 번째 경고 카드를 받았기 때문입니다. 그는 Paraguay와의 경기 후반전에 경고 카드를 받은 바 있습니다.

Voeller 감독은 Ballack의 경기 솜씨가 열쇠가 되었다고 말했습니다. "우리는 그에게 최고의 찬사를 보내야만 합니다."라고 그는 말했습니다. "그가 결승전에 출장하지 못하는 것은 대단히 유감스러운 일입니다. 골을 넣는 것은 그의 의무이기는 하지만, 그가 넣은 골로 그는 최고의 선수입니다. 그는 또 한번의 경고 카드를 받으면 결승전에 나가지 못한다는 것을 알고 있었지만, 그는 절대적으로 필요한 전술적인 파울을 했습니다. 그렇게 해서 그는 독일팀에게 뿐만 아니라 독일의 모든 국민들에게 봉사를 했습니다. 그래서 감독으로서의 저 자신뿐만 아니라 조국 전체가 그를 지원하고 성원할 것으로 저는 생각합니다."

주최국인 한국민들에 대하여, 네덜란드인 감독 Guus Hiddink는 그 날이 그들을 위한 저녁이 아니었다고 말했습니다. "우리는 강적들을 만났습니다."라고 그는 말했습니다. "우리에게 좋은 기회가 없었지만, 독일팀에게도 많은 기회는 없었습니다. 그러나 현실적으로 말해서 그들이 약간 더 경험이 있었고, 이 점이 결국에는 성과를 얻어내는 것을 볼 수 있을 것입니다"

그리고 한국에 대한 1:0이라는 독일팀의 승리는 일요일 일본 요코하마에서 열리는 월드컵 결승전으로 가는 여행이라는 성과를 가져왔습니다.

IPTR310: 안녕하세요? 낯선 분이군요. 이곳에서 당신같은 사람을 만나도 저는 놀라지 않습니다(당신같은 사람을 만나는 것도 놀랄 일이 아니군요). 최근에 문제들이 발생한 이래로 많은 모험가들이 이 길로 여행을 하고 있습니다.

당신도 분명히 트리스트람 마을에 발생했던 비극에 관한 소식을 들었을 것입니다. 사람들은 공포의 군주인 디아블로가 세상에 다시 나타났다고 말하더군요.

나는 그것을 믿어야 할 지 어떨지 잘 모르겠지만, 몇 주전에 어둠의 여행자가 이 길을 통과했다고 하더군요. 그는 악당의 수도원이 지키는 산길인 동쪽으로 갔다고

합니다.

별일이 아닐런지 모르지만, 불길한 일들이 그가 지나간 곳마다 일어나는 것 같습니다. 아시겠지만, 그 여행자가 지나가자마자, 수도원을 통과하는 문이 닫히고 낯선 괴물들이 마을을 파괴하고 있습니다.

마을 밖이 더 안전해지고 문이 다시 열릴 때까지 나는 상인들과 함께 이곳에 머무를 예정입니다. 트리스트람 마을을 덮쳤던 어둠의 그림자가 우리를 소멸시키기 전에 루트 골레인으로 떠났으면 좋겠습니다. 당신이 그때까지 살아 있다면, 내가 당신을 데리고 가지요.

또 아카라와도 얘기를 해보시기 바랍니다. 그녀가 이 마을의 지도자인 것 같습니다. 아마 그녀가 더 많은 얘기를 해줄 지도 모르겠습니다.

IPTR311: 안녕하세요? 저는 이 마을의 대장장이인 찰시라고 합니다. 이 부근에서 강한 모험가를 만난다는 것은 즐거운 일입니다. 우리의 많은 자매들은 디아블로가 트리스트람 마을로 쳐들어왔을 때, 그에 대항하여 용감하게 싸웠지요. 그들은 정말로 강력한 물건들을 지니고 참으로 강한 용사가 되어 돌아왔습니다. 그럼에도 불구하고 그들의 승리는 오래가지 못한 것으로 보이지만. 그들의 대부분은 지금 안다리엘에게 매수되어 있습니다.

IPTR312: 수백 명의 북한 응원단이 아시안게임에 참가하기 위해 남한의 도시인 부산에 도착했습니다. 이 방문은 1950년대 초기 한국 전쟁 이래로 남한을 찾은 최대 규모의 방문단으로 기록되고 있습니다. 이 방문은 증대되고 있는 한국 남북관계의 상징입니다.

이 방문은 역사적인 방문으로 환호 가운데 맞이되고 있습니다. 어림해서 370명의 북한 음악단원, 선원 그리고 기자들이 2주일 동안 계속되는 아시안 게임에 참여하는 300여명의 북한 선수단 및 선수단 관계자들과 합류하고 있습니다. 이 게임은 토요일에 공식적으로 시작되었는데, 조직위원회는 남북한 선수단이 특별한 한국 통일 깃발(한반도기) 아래 개막 행사에서 함께 행진할 예정이라고 합니다.

북한 응원단은 그들의 배가 육지에 가까이 근접하자 한반도기를 휘날리며, 금요일 부산 근처의 한 항구에 도착하였습니다. 전통적이며 밝은 형형색색의 저고리를 입은 여성들은 150여명으로 이루어진 그들의 악단이 "만나서 반갑습니다"라고 알려진 북한 노래를 연주하는 동안 갑판에서 북한기를 흔들었습니다. 50여척의 보트에 탄 남한의 어부들과 시민들이 북한으로부터의 방문객들을 환영하기 위해 바다로 마중을 나갔습니다. 바닷가에서는 남한 사람들이 한반도기와 현수막을 내걸고 "통일 한국"을 외치며 환영하였습니다.

한국 전쟁 이후 남한에서 분단된 북한은 지금까지는 1998년의 올림픽 게임과 금년의 월드컵 본선을 포함하

여 남한에 의해 주최되는 모든 주요한 스포츠 행사에 참가하는 것을 거절하여 왔습니다.

이번 방문단은 지금까지 고립되었던 북한이 외부 세계에 대해 전례가 없던 개방의 돌풍을 일으키는 가장 최근의 모습입니다.

IPTR313 : 위대한 국가는 위대한 사람들처럼 약속을 지켜야만 합니다. 조약이든, 혹은 협정이든, 혹은 대리석 계단 위에서 한 맹서든, 미국이 무엇인가를 말할 때 미국은 진심으로 말하는 것입니다. 솔직함은 경의의 표시이기 때문에 우리는 항상 분명하게 말하기 위해 노력하겠지만, 그러나 미묘함 역시 훌륭한 것이고 그 나름의 쓰임새가 있습니다. 전 세계에 걸친 우리의 동맹관계와 선린관계를 강하게, 항상 강하게 지켜가면서 우리의 안보와 진보 모두에 부합하도록 소련과의 친밀한 관계를 지속시켜갈 것입니다. 우리의 새로운 관계가 경험에 대한 희망과 힘의 승리를 부분적으로 반영한다고 말할 수도 있을 것입니다. 그러나 희망은 좋은 것이며 힘과 경계도 좋은 것입니다.

오늘 이곳에는 민주주의에 참여하여 그들의 희망이 성취되는 것을 본 사람들로서의 이해할만한 만족감을 느끼는 수만 명의 우리 국민들이 있습니다. 하지만 저는 지난 몇 일간 국기가 지나가자 혼자서 경례를 붙이던 나이 먹은 사람들과 그녀의 아들들에게 군가의 가사를 일러주던 여인들을 가정에서 바라보고 있던 사람들에 대해 생각해왔습니다. 감상적인 마음으로 이런 말을 하는 것이 아닙니다. 우리 모두는 속박하는 인연에 의해 불가피하게 연결된 연속체의 일부라는 것을 오늘 같은 날에는 우리가 기억하게 된다는 뜻으로 말하는 것입니다.

우리의 위대한 국토 전역의 학교에서 우리의 어린이들이 지켜보고 있습니다. 그리고 저는 그들에게 민주주의의 위대한 날을 지켜봐 주어 고맙다고 말합니다. 왜냐하면 민주주의는 우리 모두의 것이고 자유는 미풍을 타고 점점 더 높이 올라갈 수 있는 아름다운 연과 같은 것이기 때문입니다. 그리고 모두에게 말합니다. 여러분의 처지가 어떻고 여러분이 어디에 있든 관계없이 여러분은 오늘의 일부이며, 여러분은 우리 위대한 나라의 생명력의 일부입니다.

IPTR314 : 미국 육군사관학교는 이러한 도전에 대처하도록 여러분을 가르쳐서 준비시키는 도가니입니다. 미 육군사관학교는 전국적으로 알려진 의무, 명예, 조국이라는 단순한 규범으로 영위되는 곳입니다. 의무는 사명이며, 부대 지휘권이며, 사심없는 전문적인 봉사이고, 봉사의 경력이며, 봉사의 생애입니다. 명예 —여러분의 말은 곧 여러분의 보증입니다. 성실과 정직과 인격은 결코 잊어서는 안될 여러분의 암호입니다. 조국, 조국에 대한 여러분의 맹세는 미국 국민의 의지에 달려있는 헌법에 의존

합니다. 우리의 군은 진실로 국민의 군대입니다. 이러한 단순한 규범은 미국 육군사관학교가 여러분에게 주는 것이 아닙니다. 그것은 미 육군사관학교가 여러분 스스로에게 도움이 되도록 하는 것입니다. 그 아름다움과 역사에도 불구하고 미 육군사관학교는 여러분이 매일 그에게 생명력을 부여하기 전까지는 돌멩이를 쌓아둔 것에 불과합니다. 여러분이 의무, 명예, 조국이라는 말을 모든 화강암 벽돌에 새길 수는 있지만, 그러한 말들이 여러분의 마음 속에 새겨지기 전에는 그것은 아무런 의미가 없습니다. 여러분은 그러한 규범이 매일 여러분이 내리는 많은 결정들 속에 살아 쉼 쉽게 할 수 있을 것입니다. 그러한 규범을 따라 살아가면, 이러한 환경과 회색으로 길게 늘어선 장병들에 대한 기억에 의해 용기를 얻을 것입니다. 길을 보여주기 위해 여러분에 앞서 사라져간 많은 장병들을. 그리고 지금은 여러분이 행동으로, 그리고 국가에 대해 평생에 걸쳐 봉사하는 일에 헌신함으로써 미 육군사관학교의 전설에 영양을 공급할 차례입니다. 그러니 여러분의 국민에게 봉사하기로 한 여러분의 선택을 자랑스럽게 생각하기 바랍니다. 냉소주의가 만연하는 시기에 국민에 대한 궁극적인 책임을 자랑스럽게 유지하시기 바랍니다. 국가의 지도적인 전사가 될 수 있도록 스스로를 잘 단련하십시오. 여러분에게 돌보도록 맡겨진 사람들을 돌보는 것을 기억하면 그들이 여러분을 돌보게 될 것입니다. 항상 여러분의 마음에 새겨진 이러한 규범에 따라 살아가시기 바랍니다.

미 육군사관학교와 여러분의 전통을 이어갈 수 있는 작은 기회를 허락하는 이러한 상에 대하여 충심으로 감사를 드립니다. 행운이 있으시길 바랍니다. 하나님께서 여러분을 축복하실 것입니다. 저의 방문을 허락해준 여러분에게 다시 한번 감사를 드립니다. 감사합니다.

IPTR315 : 감사합니다, 감사합니다. 우선 힐러리와 첼시 등을 대신해서 한 말씀 드립니다. 와 주셔서 감사합니다. 여러분을 만나게 되어 우리는 기쁩니다.

여러분은 그것이 어떤 것인지 알고 계십니다. 여러분은 백악관을 떠나면서, 여러분이 다시 대중들의 관심을 끌 수 있을 지 어떨 지에 대해 궁금하게 여깁니다. 그래서 이곳에 와서 이렇게 많은 옛 친구들을 만난다는 것은 멋진 일입니다. Hawkins 장군, 감사를 드립니다. 그리고 Linda에게도 당신이 백악관에서나 이곳 Andrews 공군기지에서 당신이 한 수고에 대해 감사를 드립니다. 저는 우리나라에 있어서 이처럼 중요한 날에 마지막으로 영광을 베풀어준 저희 뒤에 있는 의장대와 전 군의 대표자에게도 감사를 드리고 싶습니다.

제 뒤에 있는 젊은 남녀를 보며 열병을 하면서, 저는 운 좋게도 미합중국을 위해 그들의 모든 수완을 다해 희생하고 봉사할 수 있는 많은 사람들을 만났다고 다시 한번 생각하였습니다. 그들의 최고 사령관이 된다는 것은

제 일생에 있어서 가장 훌륭한 영광 중의 하나였습니다. 그들에게 박수갈채를 보냅니다. 그들은 훌륭하였습니다.

여러분 모두에게 말씀드립니다. 저는 매우 행복한 아침을 보냈고, 우리 모두가 해냈다고 저는 생각합니다. 우리는 백악관에 섭섭하면서도 즐거운 작별인사를 했습니다. 우리는 주변을 돌아보고 그곳의 모든 직원들에게 작별인사를 했으며, 마지막으로 모든 방을 살펴보았으며, 부통령과 고어 여사, 그리고 대통령과 부시 여사와 부통령과 체니 여사, Andy Card를 비롯한 백악관의 새로운 직원들을 영접하였습니다. 우리는 잠시 멋진 방문을 받았습니다. 그런 후 우리는 함께 의사당 언덕을 내려가 미합중국의 헌법에 규정된 대로 취임식을 거행했습니다.

저는 의장대가 오늘 이곳에 함께 해준 것에 감사를 드립니다. 여러분 중에는 저의 가장 큰 걱정 중의 하나가 네, 다섯 달은 제가 어디에 있는 지 모르는 것이라고 제가 말하는 것을 들으신 분도 있을 것입니다. 저는 큰 사무실에 들어가지만 더 이상 반겨주는 사람이 없을 것이기 때문입니다.

하지만 저는 여러분 모두가 John Podesta가 느꼈던 바와 같은 저의 느낌을 알아주길 바랍니다. 우리는 오늘 10시 30분경, 아니 10시경에 마지막으로 백악관을 나왔고, 그는 눈물을 흘리고 있었습니다. 그는 그저 바라만 보며 말했습니다. "우리는 정말 많은 일을 해냈습니다, 우리는 정말 많은 일들을 해냈지요."

그 모든 것들, 우리는 정말 많은 일들을 해냈습니다. 감사합니다. 감사합니다. 저는 전날 밤에 텔레비전을 통해 저의 작별 연설을 했으며, 오늘 아침 라디오 연설을 통해 여러분에게 작별 인사를 드리고자 합니다.

메모
memo

메모
memo

메모
memo

메모
memo

메모
memo

메모
memo

통번역학 이론과 실제